后浪出版公司

生活

Life as Sport

What Top Athletes Can Teach You about How to Win in Life

活

是一场比赛

世界顶级运动员教你致胜技巧

[英]乔纳森·法代 著　　陆桦 译

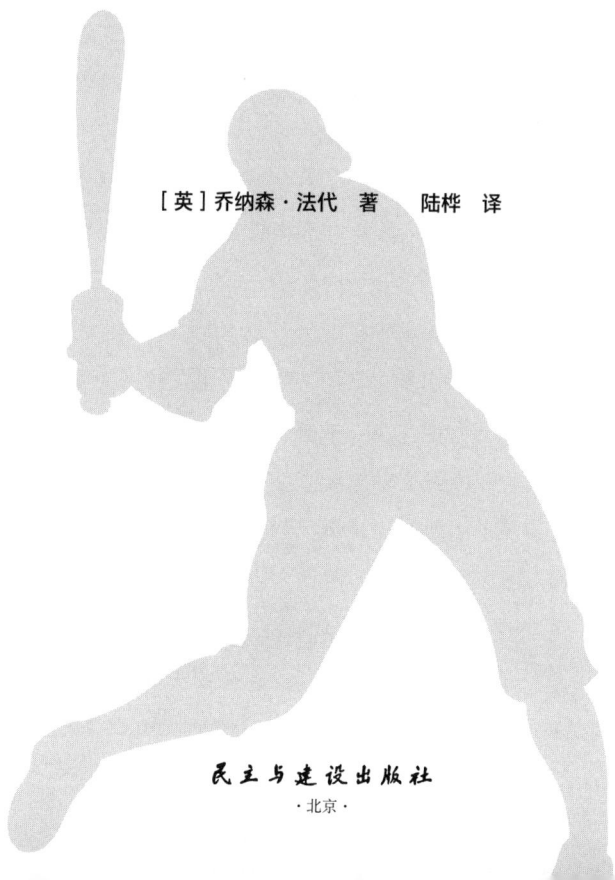

民主与建设出版社

·北京·

献给我的父母，利兹（Liz）和杰夫（Jeff）……
感谢他们教会我如何玩耍。
以及
献给罗莎（Rosa）、弗朗基（Frankie）、纳蒂（Nati）和幸运（Lucky），
感谢他们每天陪伴我玩耍。

免责声明：

我在本书中多次提到"假设"或是匿名个人，这些并非真实人物，均由我本人创造或融合了多个不同人物的特征，用以阐述书中各个观点。我已对关键事实和描述做出修改，以防读者将该虚构人物形象与真实人物对应。

最后，感谢书中所有具名人物允许我引用他们的事例。但这绝不代表我曾经或是正在与该人物合作，也不代表我曾经或是正在向对方提供心理及其他任何类型的服务。

成功绝非偶然，你要努力工作、坚持、学习、牺牲，最重要的是，要热爱你在做或是在学习的事情。

——贝利（Pele）

目 录

序 言

我非常荣幸能认识本书的作者乔纳森·法代。他以其出色的能力为顶级运动员和各行各业的杰出人士提供优质服务。正因如此，我很想知道这种能力要如何转化到运动场之外，让人们在日常生活中也能因此获益。

乔纳森没有让我失望。

我很快便发现，乔纳森扼要指出了很多人都有的一个通病：纠结过程和结果到底谁更重要。并且，他概括出了一个适合所有人解决此问题的方法。

过于专注结果，是我从事棒球行业多年来挥之不去的梦魇，在服役和在哈佛法学院苦读时也深受其扰。要如何坦然面对这种压力，且合理应对思想和人生中不断出现的竞争，才能做出正确决定，取得积极的结果呢？

乔纳森的这本《生活是一场比赛》，将为你细细道来。

乔纳森不仅讲明了怎样辨别激励我们前进的动机，而且申明了表现的精神和情感构成是何等真正重要，让我豁然开朗。阅读本书让我明白了是动机使得我们做出行动去了解当前情况并拿出相应办法，我为之着迷。

作为体育管理层人士，我一直坚信，如果能加强精神和情感能力，人的掌控力就会变得更强，取得佳绩的概率也会变得更高。以此为准绳，我从不选择过于注重身体锻炼的教练，而是倾向于那些懂得心理方法对于职业运动员的重要性的教练。

而乔纳森对这一领域的观察，进一步巩固和拓展了我对于心理、情感和态度（也就是表现和态度）之间关系的看法。《生活是一场比赛》为读者提供了很多具体方法，在此基础上能建立让日常生活变得更加简单愉悦的模式。

我这些年用过乔纳森提到的一些方法（比如想象和适应性自我对话），然而由于压力，例如一场重要的棒球赛进行到了最后一局，实践时却效果不佳。乔纳森在《生活是一场比赛》一书中，不仅告诉大家怎样为成功做准备，也教大家如何在逆境中和情绪激动时做准备，比如在最需要调动情感时要怎样去做。本书的重点并不是解决某一个问题，而是在面对无论积极还是消极的情况时，都能够保持心态和情感平衡，发挥出最强大的决策力。

这种能力能让人做好充分准备，真正享受现在，不为过去所拖累，也不会担心最终成败到底会有什么影响。读者能从中学会如何专注于享受整个过程，而这通常也更容易让人取得成功。

我在近四十年的棒球管理生涯中，见过很多统计数据完善或创新的方法，乔纳森提出的这些方法也具备同样强大的说服力。请尝试这些方法，好好读一读《生活是一场比赛》吧！我相信你绝不会失望。

桑迪·奥尔德森（Sandy Alderson）[1]
美国纽约
2016年1月

---

[1] 时任美国职业棒球大联盟纽约大都会队的总经理，于2018年离任。2020年返任大都会队总裁至今。——译者注

引 言　生活这场比赛

成败在此一举。

也许你要做一次重要陈述，或者要参加一场重要约会，又或者要做一个重大的育儿决定，因此必须拿出最佳水平，而你则希望自己最出色的能力——判断力——来助你一臂之力。

心怀希望没有什么不对，但光靠希望并不是一种应对策略。最成功的顶级运动员们都深知，希望并非让他们从其他人中脱颖而出的关键。

相反，他们采用了一套独特准则和一系列易于掌握的心理技巧，从而准备得更加充分，进而更能够摆脱束缚并专注于比赛。

《生活是一场比赛》这本书将为大家讲述这套准则和运用它的具体方法。希望你能从中学会如何"预期"自己的成功，而不仅仅是希望。

作为运动心理学家，我为职业运动队和世界顶级运动员服务已有十年了，身边经常有对这项工作感兴趣的朋友和我闲聊，想知道我是如何从医生和运动员对手的角度来看待它。

他们想知道运动员都有什么想法，而我又是如何与运动员合作来改善后者的思考方式。很多时候人们会直接问："顶级运动员和我们有什么不同？"或者委婉一点："他们的经历中有没有什么技巧或者捷径能让我在日常生活中表现得更好？"

我非常理解人们对于精英人士的无穷兴趣。恐怕没有什么其他工作能比身为绩效教练，每天和世界级运动员、顶级金融家和企业高层共事更有趣了。

能从事这项工作，我万分幸运。

然而很多时候这种闲聊还是让我很不舒服。我能感受到内心想要简明扼要地解释其中心理学奥义的渴望，也想和他们说一些工作中遇到的趣事，但这么做会破坏我和客户之间基于保密性而建立起的良好关系。

不过随着时间流逝，我已经渐渐擅长介绍什么是心理训练了，更重要的是，我既能说清我和顶级运动员的合作方式，也能道明为什么我会乐在其中了。

本书中提出的理论和技巧就是我多年实践的成果。

我与来自不同项目的各个运动队的选手们累计数万小时的对话造就了《生活是一场比赛》一书，他们中有篮球大前锋、网球新秀、实力超群的棒球外野手、小联盟[①]新星、身经百战的橄榄球中后卫、能打多个位置的全能型运动员和辉煌不在的棒球超级投手。除此之外，还有一些客户是对冲基金经理、年纪尚轻的创业者、一线演员以及其他来自运动界和演艺界的精英人士。

本书的每一章都是我在协助职业运动员、教练和管理层时的

---

① 美国职业棒球小联盟（Minor League）是附属于大联盟（Major League），但比赛水平和规模相对稍低的职业棒球联盟，通常与大联盟球队合作培养年轻球员或作为训练辅助。——译者注

经历、理论和方法的扼要总结。我深知这些方法行之有效，不仅是因为我亲眼见证了其效果或是它们都建立在科学基础之上，而是它们让我自己也获益匪浅。

这些看似"杂乱无章"的闲谈中浮现出了一个重要概念，那就是相比于采用心理干预手段，成功运动员其实更注重一种人生哲学：一种能让怀有巨大天赋的人勇于攀上能力巅峰的内在力量。

毫无疑问，天赋异禀是运动员取得佳绩的重要基础，但真正让他们脱颖而出的却是心理技能，而不是惊人的身高或者投出时速超过150公里的快球的能力。

换句话说，心理技能这种后天能力是可以通过学习和锻炼来提高的。

本书将会探讨这些技能以及普通人提高它们的方法，这样做不仅能让自己表现更好，也能享受过程。

那么精英人士到底是怎么做的呢？

在我看来，方法在于合理平衡玩乐心态、基于现实的乐观情绪和专注于当下的精准能力。

我曾经伴随一位棒球投手度过了其整个小联盟生涯，后来他得到机会首次登上大联盟时，我认真观察他的表现，希望他能展现出之前掌握的技巧。我总是希望来自各行各业的客户最终都能取得积极成果，而在我观看比赛时，会更关注他们在心理层面的表现，比如是否每时每刻都保持专注、放松程度如何、呼吸情况怎样、遇到困境时能否调整心态重新开始……最重要的是，在比赛时的严肃表情背后，他们是否真正享受其中。

这位投手初登大联盟时表现出了相应实力，每次出手都对球的落点非常自信，而当身后一位内野手①出现失误——一个历来能让最优秀的投手也难以保持镇静的失误，他也只是耸耸肩，仿佛自己对此无能为力，然后继续投入到比赛中。

几局比赛中，司球裁判对他做出了不少不利判罚，这对于升进大联盟的新手球员来说非常普遍，甚至近乎是欺负，坐在本垒背后的敌对球迷也开始鼓噪。然而他似乎不受这些干扰影响，几次经过对手球员区时都昂首挺胸，展现出我们之前探讨过的自信，而且屡屡投出好球。

比赛仿佛变成了投手和捕手之间的游戏②，他们配合完美，以至于对方的击球手及其对于自己的全部压力都近乎消失。

后来我听到教练和其他球员谈论到他，说他的场上表现非常出色，就像一位身经百战的球场老手，这对于一位刚刚登上大联盟的新手球员来说已经是最高褒奖了。

作为球迷，在观看比赛时会自然而然地认为运动员取得这些成就所展现出的能力都是与生俱来的，觉得他们天生具备出众的心理和身体能力，其他人做梦也无法复制他们的成就，但这种观点并没有真正反映出运动员为了达到这种水平付出了多少汗水。很多运动员的确拥有绝佳天赋，然而要想登上巅峰并保持竞技状态，他们还需要经历大量的心理训练和实践。

刚才说到的这位投手在小联盟期间一直与我合作，他最初联系我时还只是个棒球界新人，想到今后可能要远离家乡成为职业选手，他的内心非常恐慌。于是多年来我们都在像用滑动器锻炼

---

① 棒球比赛的场上站位投手是背对着内野手的。——译者注
② 棒球投手和捕手同属一队，彼此配合进行防守，下文提到的击球手属于对方进攻球队。——译者注

力量那样来训练他的心理状态,总结出了一套呼吸方法,让他知道要采用什么措施来避免出手过急,而这是意识到全世界都在期待你这一球时身体面对巨大压力做出的自然反应。

本书第4章会讲解这些呼吸方法。当这位投手学会呼吸方法之后,他做到了在场上放松身心,充分发挥才能,并且平静思绪,掌控整个过程,尽全力让自己的心态保持积极乐观。

我们大多数人都知道积极性能产生极大吸引力,其产生的影响要远远好于消极应对。然而,在面对困境时,我们很容易就会失去良好心态,不断深陷过于专注能力之外事物的泥潭。

若是在职棒大联盟这样的重要场合出现这种情况,结果是可以想见的。

如果投手连续几球都质量不佳,那么他接下来的举止将会给自己和对手释放出强烈信号。遇到这种情况,投手经常会埋怨自己,懊恼地踢着土。

这些沮丧之下的表现是可以理解的,但这会从两个方面影响到投手:首先,这会加剧投手要面对的情感压力,接下来几次投球的质量恐怕也不会太好;其次,看到投手陷入挣扎,会让对方的击球手信心大增。

在和这位投手合作期间,我们摸索出一套应对哪怕是最轻微的表现波动的严格方法,让他在场上能够通过一些类似于仪式的方式来消除负面影响,继续投入比赛。用脚弄平泥土和昂首挺胸地面对观众都是在向他自己和世人宣告:"我准备好奋力一搏。"

其实顶级运动员达到这种精神境界采用的原理和方法并不是什么秘密,但这些信息都是受到严密保护的,因为运动员的身体能力,也就是从事某项运动时展现出的力量或是基本技巧很容易衡量，也有相应的训练和恢复方法，但是心理能力和所谓"韧性"很难量化，而且历来都没有得到充分理解。

所以很多运动员多年来都有一种忧虑，认为所谓的"信心"和"状态"都是些有的没的、不明确的概念，甚或是一时地想当然罢了。

不过最近十到十五年，很多运动员都接受并了解到心理训练的重要性，为了发挥出最高竞技水平，也能够和像我这样的专业人士合作并打磨技巧。通过本书，你可以对心理素质训练这个新兴领域一探究竟。

本书中提到的技巧不仅能让击球手提高击球率或是让投手投出更多好球，你也能从中发现运动心理学技巧，并运用到日常生活中去，把工作、感情、业务和其他重要活动视为比赛，让世界级运动员的成功要素在自己人生的重大事件中发挥一臂之力。换句话说，把日常生活当作一场需要谨慎应对的比赛，用科学方法更加透彻地理解和准备，便能改进表现，也能更加乐在其中。

每个人都会面临独特的挑战，而每一次挑战都如同一次步入赛场的机会，让我们可以改善技术、忘记过去，将注意力迅速转移到眼前的问题上来，从而享受在学习和提高的过程中所产生的乐趣，而不是被所谓的"成功"定义所束缚。

在我看来，这种乐趣才是人生的真正奥义。学会怎样享受过程——学习和提高的过程，这会为运动员所说的"坚韧意志"输送源源不断的能量。决心、毅力和拼尽全力的信念的确很好，然而没有乐趣作为能量支持，这种信念也难以维系。一旦真正融入并享受过程，就会更满意，也会更有斗志，必要时一定会拼尽全力。

我要用我的一段个人经历结束这篇前言，因为撰写本书对我来说，就是在职业和人生两条道路上一并前进。

我在2007年初次踏进运动心理学领域。当时我参加了职棒大联盟的新手职业发展计划，这是在赛季结束后为小联盟最具潜力的选手举行的会议，让他们学习如何处理在进入大联盟时会遇到的心理、情感和财务障碍。最初几年我和来自很多球队的明星球员合作，这份工作也让我接触到很多其他领域的运动员，所以本书中很多例子是源自我早期与这些努力登上世界舞台的顶级运动员共事所取得的经验。此后十年，我一直在参与大联盟新手计划，和我的同事一起帮助这些极具潜力的选手展现实力，脱颖而出。2008年我在导师杰夫·富特博士（Dr. Jeff Foote）的带领下为纽约大都会队工作，他负责大联盟球队，我则是小联盟球队的运动心理学专家，到了2014年，我升任至大都会队，所以现在大部分时间都在和大都会队球员或是来自其他运动项目及行业的人士合作。

在我开始和棒球运动员合作不久后，我便发现我在运动之外的领域也会用到类似知识，用和运动相关的趣闻逸事来指导金融或者其他行业的客户，帮他们解决生活中的各种心理问题，比如情感问题和育儿问题。这些非运动领域的客户也向我寻求更多帮助，想运用顶级运动员掌握的运动心理技巧来改善自己的生活，因此我开始将这方面的专业知识转化为简单易懂的概念和技巧，帮助人们适用到生活中的各个方面。这即是本书的内容基础。

此后不久我便开始思考，无论是不是一位要登场亮相的运动员，人生中的各个瞬间也如同一场表演。我与演员、导演和音乐家阿德里安·格雷尼尔（Adrian Grenier）探讨人生，这位因美剧

《明星伙伴》（*Entourage*）而闻名的演员也有类似看法。他对我说："我们在生活中一直在表演，会像演员一样创造一个角色或者一种性格，而人生本身便如同探索哪种角色最适合自己的过程。我们不断尝试，试图找出我们的真实性格到底如何，以及我们想要成为什么样的人，所有这些尝试最终将塑造自我。生活中人们会觉得本性已定，无法更改，但其实决定权始终握在自己的手中。"

身为职业运动员，这种探索自我的表演有时需要面对场下四万名观众；或者像阿德里安这样的影视剧演员，作品会有数以百万计的观众收看；不过对你我而言，也许只有身边一两个人会见证一切。如此看来，显然从运动员身上汲取的经验可以转化到普通人身上，让我们表现更出色，享受到更多乐趣。

后来我自己开始运用本书中提出的观点和技巧。随着时间的流逝，我发现我会把本书的内容视为人生乐趣之基石，指引当下和未来的方向，让我保持乐观心态，在因为重大场合或是情感挑战备受压力侵扰时也能专注于过程。

在这种影响之下，几年前我猛然觉醒，彻底改变了我对待人生的态度。

现在我已经三十五岁，有幸福的家庭和两个孩子。我曾是医学院教授，工作成就显著，也作为运动心理学家和绩效心理学家，与这个时代最杰出的运动员和演员合作。然而有时我仍为身边的人出于某些客观原因没有取得成功而懊恼，无论他们是我的亲人还是运动明星、其他客户或雇员，我都会因为他们的苦苦挣扎而感到压力。

记得我曾和一位以前合作过的著名篮球运动员交谈，他之前经受了一些困扰。我正和他讨论《生活是一场比赛》中所阐述的哲学，突然，我意识到自己还没有实践过这套理论，所以尽管我很想帮他，但这仍让结果变得难以预料。直到我能让自己专注当下，运用心理技巧让自己忘记过去的错误，提醒自己在与他共事时的种种乐趣，并且保持合理的乐观精神投入到工作中去时，我才有了真正进入状态的感觉，觉得自己仿佛是一位正在参与比赛的顶级选手。这让我豁然开朗：**越是将生活看作比赛，就越能够产生好的效果。**如果我把每次陈述甚至感情生活中的每个瞬间，以及每次全新的冒险都当成一次比赛，将注意力集中在力所能及的事情上，坚持采用本书中提到的原则，那么我肯定会取得更大成功，对待过程也会更加兴致盎然。

　　本书讲述的所有理论和技巧都将帮助大家像一位顶级运动员一样对待工作、感情和生活，赢下人生这场比赛。

享受练习

　　本书每章最后都会有一个"享受练习"，这是一些可供实践的小练习，不仅能帮助你更深入掌握该章内容，也能有效提升你的正念技巧或是强化你与当下的联系。如你所读，我深信对所有人而言，寻求提升自我和享受并真正**体验**提升自我的过程同等重要，即要用心体会每分每秒，而这便是享受练习的目的。下面请看第一个练习：进行"比赛中的比赛"。在阅读本书时，试着在学习的同时享受与自己比拼的快感，每当学会新知识时就来挑战自我，看看自己到底记住了多少，把这当作一项练习，比如说每章读完就和朋友谈谈看法，尽可能详细地向这位朋友描述自己的投入程度，什么概念让你深受影响，以及为什么。

1

"生活是一场比赛"哲学

"生活是一场比赛"哲学有四大支柱：乐在其中；谨慎乐观；现在和未来的方向；注重过程。

乐在其中

美国著名高尔夫球手杰克·尼克劳斯（Jack Nicklaus）曾有一句名言："我坚信人们只有在做自己真正喜欢的事时才会有最佳表现。如果不喜欢，很难做到最好。"我认识的几乎所有成功运动员都是因为真正喜欢某项运动才最终出类拔萃。我曾和入选棒球名人堂的美国著名球员戴夫·温菲尔德（Dave Winfield）有过一次长谈，在谈到享受比赛这一点时，他的观点令我大开眼界。"乔纳森，我是个势头凶猛的竞争者，"他说，"我记得很多表现出色的时刻，但最重要的是这一切都很有趣。我走上球场，和队友合作，让自己出名。棒球是一项美妙的运动，而难以预知结果也是让它美妙的原因之一。但如果知道怎样应对这项挑战，就能既获得成功，也享受整个过程。我回忆职业生涯时，最让我开心的时刻和我孩提时的一样，那就是做我从没有做过的事，能够学到新东西并且学以致用会让我非常兴奋。我永远会记得我击球的力量是那么大，甚至把别人的接球手套都打掉了，这种乐趣回味无穷。"从戴夫说这话时的愉快语气，我能感受到这段经历的确让他非常开心。

来自澳大利亚的世界级橄榄球运动员迈克尔·克罗克（Michael Crocker）曾说，他的队友非常震惊于他在练习之前带着所有人冒雨去泥地里踢球打滚，居然能产生巨大的正能量。"每天的练习都能让我兴奋，因为我热爱这项运动，热爱练习和比赛，我喜欢和队友们在一起。现在很多年轻球员过度疲劳，对训练心生厌烦，这态度可不太好，而且肯定会影响他们发挥出的水平和打出的比赛表现。为了激发士气、感受乐趣，我做过的另一件事是在健身房做有氧训练时和着背景音乐唱歌，有时候我会把歌词全都改掉，改成和队伍状况或是某位队友有关的事情。我这么做是因为我希望在场上筋疲力尽时还可以和队友交流。我个人认为，有乐趣是一个团队取得成功的关键。如果和队友一起拼搏的同时也能嬉笑玩乐，那么一个艰苦赛季或是一场艰难比赛结束之后，知道自己已经拼尽全力，就会无论结果如何都很开心，这种满足感能让人带着微笑离场。"

但这并不意味着这些球员不会感到沮丧。面对不满意的结果，他们有时也会扔掉球棒，或者骂脏话，但那些最终脱颖而出、在各项运动的顶级联盟打拼的运动员，都是能够从自己的表现中找到满意之处的人。不论男女，这些运动员都为自己在赛前、赛中和赛后的表现感到自豪，他们是俱乐部里最擅长玩恶作剧的人，甚至在玩笑揭晓几个月之后人们还会为之发笑；他们也通常会和队友、工作人员和教练建立良好关系，让彼此的友谊在职业运动之外的各类活动中延续下去。

在我和这些冠军级运动员多年的合作中，我亲身见证了对于运动的热情会产生多么大的力量，从而让他们保持出色的竞技状态，去克服伤病、成绩欠佳和人生中的各种挑战。（我被恶作剧捉弄几次之后也收获了不少重要经验！）无论是来自拉丁美洲的简陋小屋还是加利福尼亚州南部的宽敞豪宅，他们的共同特征在于能将压力由威胁转化为挑战，从最不幸的遭遇中找到乐趣，把行程延误当作和队友交流的绝好时机，就像我父亲对飞机因为机械故障延误的看法那样："这比机毁人亡的最糟结果要好无数倍。"他们不会将这种乐观态度看作与生俱来的天赋，而是视为需要训练的技术。越是练习这种态度，它就越能融入自身；而它越是融入自身，就越容易练习。

如果结果不佳或是遭遇失败，又假设作为读者的你是位像我一样的运动心理学家，你会听到世界各地的运动员在俱乐部和更衣室里最常说的一句话："记住，这只是一场比赛。"这样的态度能让运动员正确看待问题。职业运动员如此面对失败，是想让自己避免被它击垮。有时他们会拿出漂亮女友或是自己可爱宝宝的照片，有时他们会聊起财务或是资产管理，这样做的真正目的其实是告诉自己，失败并没有那么重要。

虽然这有时候会短暂起效，但依然不是掌控情绪的一个有效方法，因为比赛或是其他任何事情的负面结果都会影响到我们的自尊心。当我们为了冠军、奖项或是金融成就拼搏时，世界上其实有很多真正生死攸关的重大事件正在发生，然而对于人生而言，比赛的确事关重大，非比寻常。尽管那"只是一场比赛"，我们的工作也"仅仅是一项工作"，但是这些活动会对个人有很大意义，会极大地影响我们对自身的看法，进而影响整个世界。

然而运动员会采取强势方法来应对。真正成功的运动员无论比赛输赢都会乐在其中，他们会从悖论中寻找平衡，既将失败抛在脑后，重拾运动乐趣，同时又拼命寻找提高自我以达到最佳表现的方法。

已故的伊朗职业扑克牌手阿米尔·瓦赫迪（Amir Vahedi）曾说："想要生存，必须愿意死去。"我和最出色的运动员合作时发现，他们在比赛中保持心态平衡的方法是真正享受比赛，同时又为了拥有更高质量的生活、延长运动寿命和取得好成绩而奋力竞争。然而矛盾的是，如果只是顺其自然而不去关注结果，通常会取得更大的成功。戴夫·温菲尔德向我讲述他自己版本的那个著名故事时也强调了这个概念：他在为纽约扬基队效力时，在多伦多的一次比赛热身活动中击球，意外打中一只海鸥，海鸥因此而死，这激起媒体的一片声浪。戴夫说："随后在底特律打比赛时，所有人都在嘲讽我，学着鸟拍打翅膀的样子，想这样羞辱我。但我没有感到沮丧，我把这当成了动力，每次上场击球时都拿出更大的力气，球就像激光一样飞了出去。其他人也许会因此失落，可我乐于看到我向这些人展示出来的气魄。"

通过本书，你就能学到如何达到这种平衡。如果把生活看作比赛，把自己当作参加这场重要比赛的顶级选手，那么你就会更简单高效地达到期望结果。而本书中讲述的技巧正是协助实现这一目标的工具，这些技巧能让你在面对人生挑战时保持最恰当的态度，拿出最佳表现来迎接挑战。你可以像那些顶级运动员一样决定如何练习技巧，以达到获得成功并且乐在其中的目标。

很多运动员在职业生涯末期都会后悔之前没有"更享受它"，这里的"它"一般指的是达到生涯巅峰的体验，或者只是生活在真正享受乐趣、成长、学会技能和培养感情的时刻。我和来自各行各业的人合作过，范围从运动界到演艺界和商界，我发现很多人到了职业生涯末期都有类似的后悔之情，而把生活看作比赛的一部分就是每天都尝试寻找提高表现水平和享受程度的方法，这之中的一个关键要素是积极关注自己的享受程度，试着在工作中把注意力重新集中到提高这方面的技巧上来。

我非常荣幸能和一些回顾成功职业生涯的老运动员对话，其中有些人统治体坛长达二十年之久。他们中有很多人都到了行将退役之年，一半时间比赛，一半时间参加颁奖典礼和庆功派对，但是让我感触最深的是和一些小联盟老手的讨论。你也许知道，棒球的小联盟，或者有时称作"农场系统"，是为大联盟球队培养输送新鲜血液的：球员从十六岁起（国际球员很多来自拉丁美洲）一直在竞争激烈的小联盟奋斗到三十来岁，只为达到这座金字塔塔尖，闯进大联盟。大多数人想到小联盟，就会想到来自高中或者大学的充满斗志的菜鸟，满怀希望地觉得自己能成为全明星球员。不过有一些在小联盟里打顶级比赛（3A级）的是从大联盟退下来的球员，他们在这逊于大联盟的比赛中度过职业生涯的最后几年。他们已经在世界级舞台上打了十几年，现在却在几十个观众前比赛，场地也难以和大联盟球场相提并论。我很喜欢听他们回顾自己的经历，而我学到的重要一课是，他们希望自己能再享受这一切。

比方说，一位非常成功的球员在其大联盟生涯的最后一年里向我吐露他的最大遗憾："医生，这一切都过得太快了，像是生儿育女一样，今天他们还是刚刚出生的健康宝宝，结果转眼间就发现他们已经长大成人去上大学了。到了生涯最后这几年，我总是太关注比赛结果，想要提高我的排名，留在大联盟里，我觉得这伤到了自己，我实在太注重结果了，感觉我好像失去了对比赛的爱。我经常会想，要是我以前能更享受比赛该多好，要是我不用再继续下去该多好。"

我与其他很多明星和杰出运动员讨论时也听到过类似想法，他们都提到想要把更多能量转移到真正地享受比赛中去，而且都认为享受会产生更好结果，正如最近有位球员对我说的那样："你总是跟我说要专注自我，'击打手套'来简化思想过程，可是，我觉得总的来说我还是以球员心态来思考。如果我更注重自己是否乐在其中，就不会那么担心了……然后就会成功，一切都会往好的方向发展。"

我们在生活中很容易忘记乐趣，因为无论是运动、工作、金钱、感情或是孩子以后的幸福，人生中要面临太多赌注，所以轻易就会忘记到底为何热爱从事的运动或职业。沉浸在一次陈述、一个工作日、一场会议或是和爱人的一次争吵时，头脑发热的我们很容易失去理智，忘记自己真正的心之所向。

不过最杰出的运动员能意识到想要取得并且保持成功，必须要提高乐趣。纽约大都会队的右外野手柯蒂斯·格兰德森（Curtis Granderson）以其幽默风趣但又不失职业风度而著称，我认为他对此的观点最为出色："球赛一定还要像小时候感受到的那样充满乐趣，因为乐趣驱使我们工作，工作产生结果，而获得结果之后又会感受到更多乐趣，就这样一直良性循环下去。"

我和运动员分享了一个能够成功帮助他们再度回归乐趣的观念，它叫作"ME"，也就是"我"，这里"M"代表"动机"（Motivation），"E"代表"乐趣"（Enjoyment）。我让合作的每个运动员在重大活动、会议或是比赛之前保持一个习惯，提醒自己"将'我'融入其中"，也就是弄清动机到底是什么，时刻想到它，进而提高乐趣。

久而久之，等到要他们比赛或者表演时，这个习惯已经根深蒂固，以至于不用特意去想，它已经变成了一个检查自己当时是否专注于动机和乐趣的精神捷径。比方说，他们可以快速回顾动机或是查看动机提醒（在第3章"动机"中会详细分析这些技巧），也可以增加乐趣（参见本章最后的"如何去做"）。通过本书，你会和我一起探索如何运用"ME"来提高享受的艺术，以此作为提高表现的良方。每一章节我都会提供相应练习，帮助大家抓住生命中的每时每刻，真正充实地享受生活，正如顶级运动员在参加冠军争夺战时所做的那样。我同意大多数和我交流的运动员的看法，那就是努力享受人生是取得最佳成就、发挥出自己最佳水平的成功之道。

谨慎乐观

我常会遇到两类人群，一类相信积极思考的力量，他们的社交媒体上是整页的励志名言，看待一切都非常乐观，就像"半满的玻璃杯"①，所以能够看到任何局面中的积极性；另一类人则认

---

① 源自一个关于观点决定态度的经典故事：装了半杯水的玻璃杯，乐观的人觉得杯子是半满的，悲观的人觉得杯子是半空的。——译者注

为乐观向上非常危险，觉得"太过积极"会产生不利，因为乐观主义者可能会忽视与自己和环境相关的真正重要的负面信息，而这却正是改善自我、取得佳绩的关键。后面这类人群似乎也演化出了一个看到励志名言就想吐的生理习惯。

其实看待事物还有第三种方式，我称之为"谨慎乐观"。暂且不论杯子里的水是"半满还是半空"，假设杯子是半满的，再来反向推导。换句话说就是假设对自己、自己的表现或是其他重要因素不够了解，在此基础上来思考整个局面时，试着在"证明犯错之前自认无辜"而不是"证明清白前一直心怀愧疚"。乐观和积极性对于期望值和取得优异成绩的表现的重要性不言而喻，然而我发现绝大多数成功运动员的乐观自信都源自对当前局面的客观分析，他们努力找出证明自己表现优异而不是糟糕的证据。毕竟比赛期望和表现最终是由态度决定，正如莎士比亚（Shakespeare）所说："事情是好是坏取决于态度。"

多年来我一直对有如此多的高水平运动员受困于心态问题感到震惊。很多运动员因为成绩欠佳或是水平下降来向我咨询，寻求帮助，但几乎没有人意识到他们为自己施加了多么大的负面影响。尽管顶级运动员具备绝佳的运动天赋，但他们与你我普通人无异，也很容易受到负面结果影响，而且缺乏应对这种源自内心的负面情绪的方法。

在此需要警告的是：谨慎乐观并不完全是积极思考！二者之间有一个显著区别，积极思考可能是："我这次论述要秒杀全场！"而谨慎乐观则是："我这次论述会表现很好，因为之前三场都做得不错，我做好了准备，而且也收到了积极反馈。"尽可能保持积极心态是非常重要的，同时也要找到支持这种心态的证据，而且证据需要基于实际，否则无法说服自己。

正如我的好友、同样身为运动心理学家的德里克·安德森博士（Dr. Derick Anderson）说的那样："想要教会一只狗怎么坐下，不能对它说'别站着！'。"人类总会过于看重问题，不过倒不用为此感到自责，因为这是进化所致。研究显示，人类大脑中负责记忆、情感和做出决策的杏仁状脑叶，即杏仁核，对负面消息的反应要比对正面消息更加剧烈，它会夸大消极、恐惧和失败的哪怕是最小的可能性，就像一个对最微小刺激都有反应的生物闹钟。从生物角度来说，优先考虑到负面结果也许源自人类古老的自我保护本能。接下来我们会详细分析。

神经系统经过上亿年的进化，目的在于让人类得以生存。神经系统总在关注危险，因为我们的祖先需要知道附近是否有一头饥饿的狮子伺机而动，一旦发现，快跑！虽然人类祖先靠打猎为生，但一两天没有猎物还不足以威胁到生存，而一头狮子就足以让人命丧黄泉。因此，恐惧是影响人类行为的一个强力因素，所以人类生来就会保持恐惧和警惕，这有时被称为"负面偏向"。也正因如此，才有很多和求生相关的恐惧症，比如恐蛇或恐高，而且它们广泛分布在文化、历史和地理背景不同的种族中。由此看来，一切都是平等的，大脑只会关注错误，而不是正确。

或者可以试着这样想：假如你正走在异国城市一条漆黑的巷子里，你会花多长时间担心是否会遭到举着手杖的陌生老人打劫？或者你会不会担心有戴着面罩的强壮男子举刀向你冲来？我们生来就会担心那些周遭环境和生活中不合常理的事情，总是看重失败的三振出局而不是二垒安打好球，总是想着自己只拿了及格而不是优秀。

你也许会问："这有什么问题？难道我不应该时刻警惕表现不佳的地方？难道这不会让我更加进步？"

其实真的不是这样。想要达到巅峰表现，也就是拿出个人最佳水平，知道自己哪些地方做得好并且持续做出积极改进，效果要远远好于一直看重失败。最近一个对顶级乒乓球运动员所做的研究进一步证明了这点：专注当下而不是过往，是他们在心理层面达到巅峰状态的重中之重。

若想在运动、商业、表演和其他生活领域达到巅峰表现，运动心理学中最行之有效的方法就是专注于那些能起到作用的因素并加以巩固，这是提升自信的最佳方法。我们在第6章会学习如何自我对话，在第4章会学习如何掌控焦虑情绪，这些都是能让我们克服内在恐惧、转变消极态度的方法。适度的积极乐观会帮助我们在竞争时保持最佳心态，在人生中的各个方面取得成功。

现在和未来的方向

心理学通常会关注我们在过去遭遇过什么挫折，从而尝试弄清为什么会遇到问题：儿时的经历或是缺乏准备也许是我们无法达到目标、日子过得不如意的原因。

当我们感觉最糟糕的时候，甚至会告诉自己，过去所做的决定和遭遇的事情才导致自己现在"成了一个无能的人"。我曾和一位叫龙尼（Ronny）的棒球运动员交谈，他遇到社交情况时会极度焦虑，只要接受采访，他就会异常紧张，有时甚至需要在采访前赶去洗手间平复情绪！我们聊到了他在约会或是与女性相处时的焦虑："医生，我不知道，我自从初中开始……一直都是这样。只要我身边有别人，特别是女性，然后我又必须要说话的时候，我的脸就会变得又红又烫，仿佛马上要爆炸一样。"（巧合的是，这位运动员提到的是生理反应的一种类型——身体焦虑。我们会在第4章"掌控焦虑"中讲到应对方法，因为大多数人在遭遇压力时都会或多或少出现这些反应。）

龙尼向我继续讲述他过去的情况："我试过要改变，我甚至服用药物试图赶走它。可我生来就是这样，也一直都会是这样——一个异常焦虑的人。"

我告诉他，我并不相信世上存在"异常焦虑的人"。

这番回答让他震惊，他惊讶地看着我，我继续解释道："龙尼，世上并不存在生来就异常焦虑的人，只有感受到焦虑情绪的人。"

一旦开始认为自己的状态是稳定不变的，或过往经历是决定人生的关键，那么生活就将陷入难以改变的境地，并且这种因为依赖过去而导致故步自封的心态很有可能会侵蚀既定目标。解决方法正如我教龙尼所做的那样：努力抛弃过往，更专注于现在和未来。"生活是一场比赛"哲学会让你意识到过往才是人生中自己完全无法控制的部分。很多职业运动员犯下一个错误——比如没有赢下赛跑、三振出局、罚球罚丢，之后便会对发生过的事极度沮丧，以至于眼下和之后的表现完全不符合自己应有的水平。这种现象我们在各类运动项目中都见到过：世界顶级运动员的状态在一次严重失误之后迅速崩盘。

美国著名厨师和营养专家萨姆·卡斯（Sam Kass）在大学时期的棒球水平非常出色，不过他的运动才能被厨艺和身为政府食品营养顾问的光芒掩盖了。萨姆曾为前总统巴拉克·奥巴马（Barack Obama）效力，担任营养政策高级顾问，也曾是前第一夫人米歇尔·奥巴马（Michelle Obama）发起的反肥胖计划"让我们动起来！"（Let's Move!）①的执行理事。我们曾就他的棒球经历和"生活是一场比赛"式思维对他的成功起到的作用展开热烈讨论。"我觉得专注当下是我从棒球生涯中学到的重要一课，这对我的厨师事业起到了帮助作用，"他说，"我打棒球屡屡失利，简直是一场失败的游戏，但一定要从失败中学到经验，放下过往，专注眼前事，否则绝没有希望胜出。要是七成的比赛都以失败告终，几乎可以进一个'输家名人堂'了。这段运动经历让我学会在当厨师时一定要投入正在做的活儿，不要在意过去或是未来。刚开始为前总统一家烹饪时，我专注于每分每秒都要超越自我，这为我带来了改变命运的良机。我一直都热心于食物和政治，但如果我没有专心干好手头的工作，也许我会成为白宫厨师，然而恐怕永远无法为一场大规模的全国健康运动贡献一己之力。"

我们也同样如此。无论面对运动、商业、社交还是感情生活，我们经常会念念不忘一个错误或是损失，如果无法跨过这个坎，它就有可能对今后的生活造成难以估量的影响。

在本书中你会读到像是龙尼和萨姆这样的人物，我会将帮助他们专注现在和未来的方法教给你。大多数研究和我的工作经验表明，留心当前状况会对表现和健康有益。在此我将未来也纳入这种哲学之中，因为我们要一同掌握的一些技巧，比如设定目标，便会涉及未来。也就是说，无论最终目标如何，本书中提出的技巧和哲学都立足于当前能做些什么，从而让自己能更接近实现目标。无论是想要在运动时不那么焦虑，还是想要在社交生活中更

---

① 2010 年由米歇尔·奥巴马宣布开启的宣传活动，旨在遏制美国儿童超重问题。——译者注

加游刃有余，或是想要在某个职位上大放异彩，我们都将一同探索能让你运用现有能力发挥出最佳水平的方法。正如一句名言所说："一年中只有两天无法做到任何事，一是昨天，二是明天。今天才是去爱、去相信、去做和去生存的日子。"

国际知名的以色列职业拳击手尤里·福尔曼（Yuri Foreman）是前世界拳击联合会（WBA）超次中量级冠军，他显然了解融入当下的力量：

拳击的核心就是专注当下，所有注意力都要集中在对手身上。我从没有想过要多出几拳或是击打更用力，而是把注意力从结果上转移开来，努力沉浸在当前时刻中。我觉得和这最接近的应该是冥想，安静地坐着专注于呼吸的时候，能感受到所有一切。也许正因如此，冥想对我有帮助。有一场关键比赛，我眼睛上方受了重伤，什么都看不见，而我的对手实力非常强劲。我失去了焦点。我的急救员非常担心，尽了全力帮我处理伤口，但我的训练师是位心灵非常平静的人，他丝毫没有惊慌，说："孩子，你没事，这没什么。你去猛击他的脸，他绝对没办法再碰你。"

这话确实让我回过神来。比赛变得更艰难是由我自己造成的，我在脑海里夸大了对手的真实水平和力量。如果在脑海里想象对手或是障碍的形象，确保将其削弱，便有可能成功。我在那场比赛里这么做了，于是便克服了伤痛，也击败了对手。像这样在生活中战斗，你也能取得成功。

你将会在第7章学习如何帮助自己抛弃过去负面结果的影响，

将注意力调整到当下的方法，从而提高在第6章学到的自我对话能力，学会说服自己忘却无用的想法，然后转向更积极的态度。你会学到如何通过自问来转换注意力："担心刚才发生的事又怎么会帮到我呢？"转变的速度会超乎你的想象，那个沉浸在过去中的你将会消失，性格中憧憬未来、积极向上的一面将会浮现。越是能融入现在，彻底投入到此刻中去，你的"能力"就越能显现。赢家通常会乐意接纳所有感受，把注意力全都转移到正在做的事情上。相反，越是执着于超出自己掌控的事情，就会在泥潭中越陷越深。我让运动员进行的自我对话很多时候仅仅是说"就这一投"或是"就是现在"这几个词，以此来集中注意力；我也经常让焦急的金融经纪人和沮丧的家长扪心自问："我们此刻能做些什么？"而保持专注当下的一个有效的核心方法，就是注重过程而不是结果。

注重过程

"医生，我只需要你帮我提高击球率，你看能行吗？"

很多来向我咨询的运动员，尽管曾经屡屡打出全垒打，或是有出色的防守或进攻技术，但都到了职业生涯中水平下滑的阶段，要么击球率跌入谷底，要么经常打出坏球送击球手上垒得分，或者因为场上犯的错误而被人熟知。在我的帮助之下，他们意识到了要控制可控因素。那么，遇到这种情况能主动掌控什么呢？

无论是否身为运动员，大多数人都倾向于注重结果。对运动员而言，这或许是完成更多触地得分、每一圈游得更快、打出更多全垒打或者三分球、跳得更高或者冲撞更有力。对于我们其他人而言，也许是挣更多的钱、找到理想伴侣、减肥或是在商业或运动中取得更多重要成就。我们首先需要迈出的这一步虽然简单却具有革命性意义，那就是接受自己无力掌控结果这一事实。毕竟想要实现这些，不能光靠我们自己的渴望，还有太多超出能力范围的因素会影响到最终能否达成夙愿。

而想要达到目标，最好的办法就是将注意力从结果转移到过程上来。本书结合大量理论和实践技巧，将帮助你走上实现梦想的冠军之路。

对于任何人来说，最成功的莫过于专注能达到理想结果的行为。如果目标是提高击球率，那就需要将关注点从击球率本身转移到提高击球率这个过程上来：确定要采用什么方式、策略和观点才最有可能达到期望目标，然后树立起能提高击球水平的心态。

我们能控制的另一件事是对压力和不理想结果的认知和行为反应。和棒球运动员合作时，如果球员三振出局，我会让他们学习运用积极自我对话（在第6章中会讲到）来正面看待自己的表现。我并没有让他们为失误而悲痛，相反，我让他们观察自己在击出好球时都是怎样做的，击球手出球的瞬间有没有看清楚球？在犯规离场后有没有很好地沟通？如果击出坏球的真正原因是外野手处在难以掌控的位置上，他们有没有为此感到自责？实际上本书的一个核心主题"控制可控因素"讲的正是如何避免这类问题：怎样意识到自己太过关注部分甚至全部超出能力范围的结果？如何将精力转移到提高自己的方法或是反应上来？请注意，在此我说的是我们能够控制认知（看法）和行为（反应），但无法直接控制情感，它们和击球率、成绩单或是盈亏账目总结一样，都只是结果而已。

将这种方法运用到日常生活中也是类似的。我相信我们之中绝大多数人都希望挣更多钱，我见过很多客户抱怨自己的财务状况，或是持续幻想能够实现财务自由。然而尽管我们都想挣更多钱，不停查看银行账户，抱怨挣得不够多或是希望能拥有更多，这些并不能真正创造财富，因为沉迷于某种结果并不意味着它真的就能实现。

相反，我建议将思绪从结果上放下，转而关注自己的举措，例如设定符合实际且可衡量的目标（第2章）、树立正面形象（第5章）和采用积极自我对话（第6章），这些都是更加行之有效的策略，无论目标是提高收入还是击打率，都能助你实现理想结果。

美国著名演员博比·坎纳瓦莱（Bobby Cannavale）在影视界取得了辉煌成就，收获无数赞誉，在美剧《海滨帝国》（*Boardwalk Empire*）和《威尔与格蕾丝》（*Will and Grace*）中的表演更是为他赢得两座黄金时段艾美奖，并且也参演了家庭影院频道（HBO）的新剧《黑胶时代》（*Vinyl*）。他说表演和试镜也和运动一样："我只能专注于在我能力范围内的事情，对表演心怀热情，在脑海中想象我要演的内容、当前想要达到的效果，"他说，"我越是表现出热情、越是投入，人们就越会被我的表演吸引。"

虽然"注重过程"这个概念说起来不是很模糊，但具体如何去做，依然难以表述。我发现当运动员沉浸在当下时，一些简单具体的片段能帮他们想起我教过的重要概念和策略，并且付诸实践。

但假如你正要投球，或者正在股票交易大厅操作，或者正在进行一次约会，那么你会很难想起我在开始这章提到的这些概念。于是我创造了一个代表注意力专注于行动和反应（过程）而不是结果的缩略词，即鼓励与我合作的来自各行各业的客户要"保持DOT"。在此这三个字母分别代表"行动"（Doing）、"结果"（Outcome）和"思考"（Thinking）。示意图（参见对页）展示了

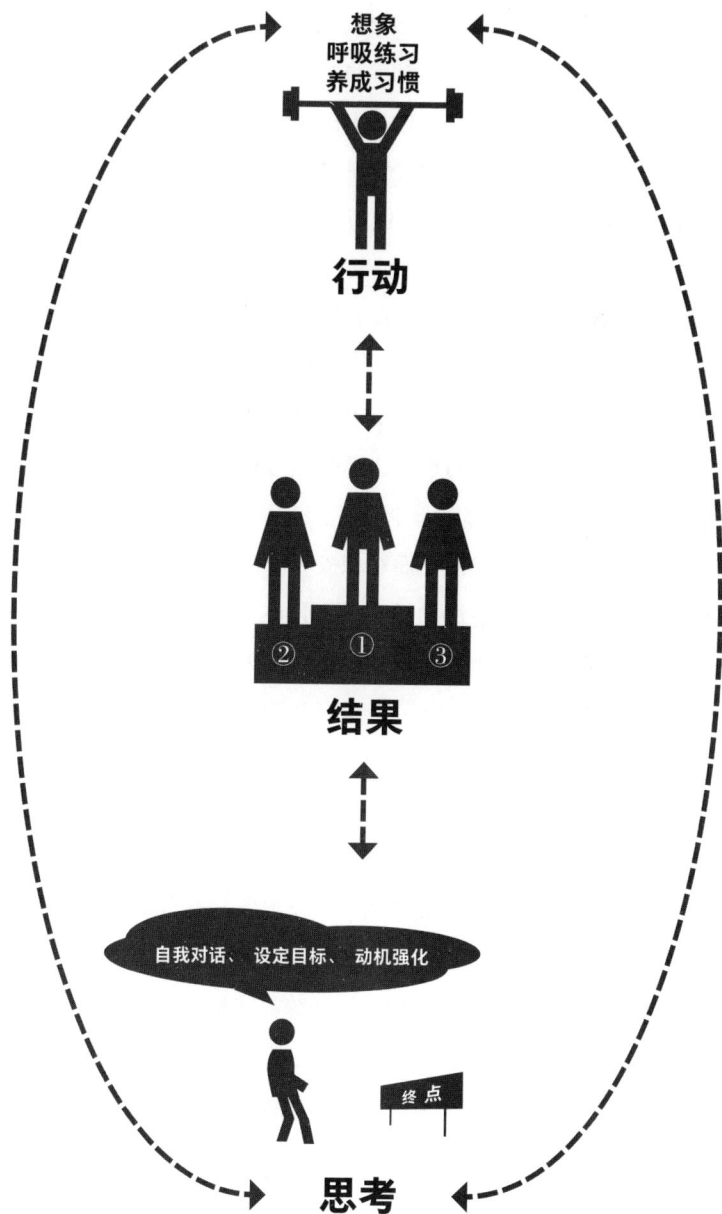

想象
呼吸练习
养成习惯

行动

结果

① ② ③

自我对话、设定目标、动机强化

终 点

思考

DOT的三个部分，我们来逐一分析。

字母D代表"行动"，这和你将从本书中学到的提高最佳表现或是保持"最佳状态"时长的方法相呼应，而"最佳状态"指的是面对重大挑战时成功发挥出最高水平的完美境界。在大多数生活和运动场景中，制订计划，进行实践，继而落实到位是实现预期结果的最快捷方式。本书中的技巧不仅会让你提高制订计划的能力，也会确保做出的行动富有成效。从DOT示意图中可以看到运动员举重，这象征为了实现某个结果而行动，与之相似的是本书后续章节讲解的内容，它们让你做出能影响人生结果的行动，即示意图中杠铃上所写的想象、呼吸练习和养成习惯。接下来我们直接跳到示意图底部字母T的部分。思考的重要性不言而喻：无论运动还是生活，我们在面对积极和消极结果以及将要来临的挑战时会产生怎样的想法和反应，将会显著影响表现最佳水平的能力。示意图中用一个冲向终点的小人代表思考。如果赛跑即将抵达终点，或者是正在参加一个重要活动或会议，而你采用一种错误或负面的方式来解读自己的行为和感受，那么你就会遏制自己发挥最佳状态的能力。无论是身处投手丘、站在讲台上、参加军事行动还是执法行动，结局都是如此。此外，很多人会在错误的时刻思考，这也是遏制表现的另一个要害。有很多需要表现优异的场合并不适宜过度思考，相反，应当驾轻就熟，以至于思考变得无关紧要，整个过程就如同一场练习或是例行公事一般轻而易举。你若是采用本书中的自我对话、设定目标和动机强化等方法，将有助于你评估什么情况需要运用提高认知的方法，以及怎样平复情绪，排除压力、恐惧或焦虑的影响来激发自己的能力。

最后，DOT中的字母O代表"结果"，在示意图中以一场比赛中的前三名来表示。我故意将这部分放在最后来分析。每当与客户见面，我经常会问他们一个重要问题："假设我向你提供了最有帮助的指导建议，我们之间的合作将会怎样改变你的生活呢？"我这么问的一个主要原因是能以客户想要实现什么目标来开启对话，而不是他们的人生出了什么问题。如果以一个积极问题为核心，就会设定更强有力且可实现的目标。

我得到的很多答案或多或少都与幸福和生活满意度有关，不过当他们之后听到我说其实我们无力掌控是否能真正实现这些时，往往会非常震惊。但在把他们吓跑之前我会迅速解释原因，就像我之前提到的那样，我们无法直接控制生活中出现的任何结果，无论那是幸福、满足、健康，还是连续三振出局，但我们能够在精神上做好准备并做出相应反应，而这会显著主导实现目标的质量和程度。本书将成为你的健身房和训练营，帮助你训练脑力，专注于力所能及的事，即行动与反应——要做什么和要想什么。

为了帮助客户在精神上进入状态并且忘却最终结果，我鼓励他们像古代武士那样思考，因为只有在我们的行为、判断和思绪不受恐惧困扰，达到无拘无束的境界时才能获得成功。古代日本武士会带着视死如归的心态投入战争，生死无关紧要，重点只有一个：拼尽全力，活在当下。胜负与否完全不重要，只有战场上能否尽职尽责发挥全力才是重中之重。我也以此为目标来协助运动员，让他们不再关注结果，而是专注过程，就像日本武士那样，如果在投入比赛时坦然面对胜负，那么就能把更多精力放在自身表现上来。无论是从事运动还是在日常生活中，只有在精神和身体上做好双重准备，只有下定决心拿出全部水平，只有全情投入而不再执着于结果如何时，才能取得胜利。换句话说，如果能够接受任何结果，克服内心障碍，人生中的种种考验和竞争对手就完全不值一提。需要说明的是，在示意图上有箭头从"结果"指向"行动"和"思考"，"思考"和"行动"之间也有箭头相连，这是因为思考和行动的确彼此相关。思考无疑会受结果影响，而稍后你将会读到，其实行动也会影响思考，思考也会影响行动。因此建立一套能够以最恰当的方式来思考和行动的精确模式，有助于享受自我并且实现最佳结果。

本书会涉及达到专注过程这一精神境界的常用方法。我之前提到过自我对话方法，在第6章会有详细分析。积极评价自己，比如"我整体做得不错"和"我已经尽了全力，因为……"，就能让我们放下结果，完全沉浸在比赛中。

然而在比赛现场的压力之下，往往很难将注意力全部转移到过程上来。我们在第7章将会探讨培养一些习惯性动作的益处。面对压力时，也许我们会告诫自己不要担心，但思想常常不听从大脑下达的指令，所以在练习和比赛之间做一些习惯性动作会让身体意识到，现在应该拿出行动而不是过多思考了。比如网球运动员在发球之前会弹几下球，棒球击球手在就位之前会拉紧几次击球手套，等等。这些动作能帮助我们平复情绪，让头脑保持清晰，放下种种恐惧和担忧，如此，在面对各种情况时我们都能扪心自问："我达到DOT状态了吗？我的注意力有多少集中到自己力所能及的局面上来？"越能够在做习惯性动作时思考这两个问题，就越能取得成功。

知名美剧《绝命毒师》（*Breaking Bad*）的主演布赖恩·克兰斯顿（Bryan Cranston）是掌握DOT的高手，他曾解释过专注过程对于成功表演的重要性："我给演员同行的最佳建议是，要了解自己的工作。我不会想着'我要去试镜，要拿到这份工作'，一位演员应当结合场景培养出对角色的浓厚兴趣，在试镜时彻底融入到表演环境中去，然后结束试镜，跳出角色。其他一切都不在自己的掌控范围内，所以根本不用去想，不用在意。去试镜不是只为了得到工作，而是展现出你的能力，你在表演，就是这样，然后转身离场，这之中蕴含了力量和信心……最终谁能获得这个角色是超出自己掌控范围的，所以仔细想想，执着于最终决定毫无意义。对我来说这是一个重大突破，我领悟这种哲学之后就再也没有过多思考了，而从那时起，我的职业生涯变得前所未有的忙碌。"

路线图

想要在日常生活中也建立起"生活是一场比赛"哲学的这四大支柱，就需要采用系统的方法循序渐进。你将在下一章学到如何用能够激励表现而不是像大多数人那样破坏表现的方法来设定目标。第3章的重点是理解并有效利用内在动机——如果目标和实现目标的方法得到了谨慎审视和精密计划，就不必担心会缺乏内在动机。

焦虑会让运动员在职业生涯的重要时刻功亏一篑，我们在日常生活中的许多小事也深受其扰，因此在第4章我会向你讲解如何辨别焦虑，既减弱它的影响，也利用它来提升表现。

在运动员讲述如何做前期准备时（赛季前和一场比赛的重要阶段前），你可能经常听到"想象"这种方法，它的运用范围超出运动场之外。我将在第5章向你讲解如何提高自己的想象能力，即在上场之前就感受到成功的气息，而无须运用东方哲学的某种

"祷语"。你在第6章会读到如何理解并控制"自我对话",即自己的内心独白。学会如何对自己做出评价,或者也可以叫作"祷语",就能掌控思绪,让情感变得更加积极。你或许也听说过运动员用来平心静气的一些方法,第7章会讲解如何让自己掌握一套有效方法并付诸实施。

本书的最后一章将做出总结,目的在于让你更加领悟享受当下的意义,正如一位棒球大联盟投手在准备季后赛关键局的关键球时所想的那样。

总的来说,"生活是一场比赛"哲学包含了众多精英运动员和演员看待人生的态度和观点,他们将人生视为挑战而不是威胁,这样的心态能让他们全力展现自我。你遵循这种哲学,可以建立完善的体系来实践本书中提到的各类技巧,每章讲述的方法都和该哲学相辅相成。如图所示(参见对页),示意图能形象表述四大支柱这个概念,四根柱子支撑着后续六章中的运动心理学技巧所代表的房顶。

然而最有益的方法也需要在生活中真正实践才能产生效果,因此我的目标不仅是向你讲解"生活是一场比赛"哲学以及相应技巧,我也想为大家提供简便易行的方法来运用这些技巧。在每一章(包括本章)的末尾会有一个指导练习版块,里面列出了和每章内容相对应的具体练习,易于你使用。我对待职业运动员时采用的也是同样方法,这些练习能理清思路,并且为下一步做好铺垫。无论是要为企业设立全新的工作流程、鼓励团队或者个人士气,甚至是陷入热恋,这些练习都能让你真正领悟"生活是一场比赛"哲学。对我而言,这才是"生活是一场比赛"的真正意义:像那些达到职业生涯巅峰的运动员一样感悟人生,领略人生

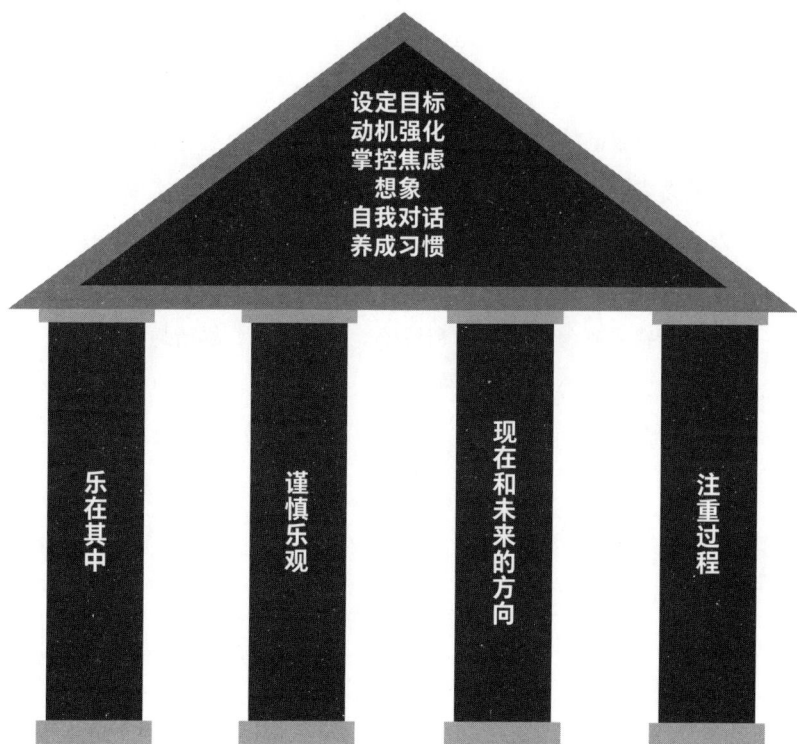

设定目标
动机强化
掌控焦虑
想象
自我对话
养成习惯

乐在其中

谨慎乐观

现在和未来的方向

注重过程

"生活是一场比赛" 哲学的实践技巧

奇迹。练习会帮助你以最诚挚的热情追逐目标——并不是因为它能让人发掘新的潜力，而是因为它能全面释放现有天赋。

观众鸦雀无声，哨声响起，人群一片躁动——**比赛开始了**。

享受练习

闭上双眼静坐五分钟，想象实现了人生理想是什么感觉，运用想象力为自己的最终成功搭建一个舞台，想象一下实现了目标的人生会是什么样子，身边重要的人会如何看待你的目标，运用全身所有感官来栩栩如生地想象，如果理想真的实现，在无穷喜悦之中会感受到怎样的思绪和情感。不要克制，尽情想象前所未有的成功，在脑海中加深这份喜悦，试着想象在成功真正到来时自己会有多么激动。

2

设定目标：绘制成功地图

棒球运动员通常会面临常人恐怕从未经历过的情景。

设想这样一幅场景：你顶着炎炎夏日走进办公室，准备发挥出毕生的训练成果，观众席上坐着数万人，聚精会神地看你如何工作，办公室一角还矗立着巨大的记分板，展示着你这一年和今天的生产率统计，取得（或是没有取得）多少场胜利，而同样的数据也会在电视屏幕下方的滚动条循环播出，伴随着你的影像传播到全世界。

所有这一切都发生在你甚至还没有开始一天的工作之前。

棒球以及随之产生的衡量人类运动能力的所有数据和方法，成了反映"成功"的绝佳指标。比方说，若球员每十次击球能打出三次好球，击球率就会标注为0.300（表示击球率达到30%），这是一项出色的成就。但如果同样十次击球只能打出两次好球，击球率就会跌到0.200，这时球员恐怕就要担心自己会不会被别人取代了。

假如看着0.200的击球率以三位小数的形式挨着自己的名字赫然显示在超大屏幕上，然后每次击球都觉得球衣仿佛越来越热，很多球员便会在这时开始迷失自我，状态迅速滑落。而他们又会极度专注于摆脱这种困境，以至于陷入一种忘我境地不能自拔。

多年来我和许多深陷如此困境的球员谈过，这些谈话通常会有相似的基调：

"我不知道，医生，我觉得好像再也打不出好球了。"

"我实在太专注于击打了，我脑子里只想着这一件事。"

"我知道我的场上表现还不算差，可我不能一直保持这种状态，不去提高击球率。"

"我一直在改变挥棒动作，做出各种调整，可是好像怎样都不管用。"

"这场比赛我一定要打出好球。"

我们自然而然地认为高水平运动员都会受到强烈的好胜心驱使，几乎不会被烦恼"普通人"的信心问题所困扰。我们会觉得自己的运动员偶像能够目标明确、志向坚定、一往无前地跨越重重障碍朝着目标挺进。

但事实并非总是如此。

职业运动员和各界精英人士其实与普罗大众一样，都会犯下没有设定合理目标或者过度执着于某个目标，以至于影响自身表现的错误。

我和那些状态下滑的运动员交流时，他们对于自己到底有什么目标的回答常常是"我只想更好地击球"或是"我只想更好地投球"的不同变体。然而想要改变某件事与制订计划认真完成它是两回事，"我只想更好地做某事"并不是合理有效的目标。

　　"提高击球率""淘汰更多对手""提高电话销售水平""让客户更满意"和"成为更出色的家长/伴侣"这些基于结果设定的目标相较于基于过程设定的目标而言效率欠佳，后者能让我们更注重要实现目标所经历的每一步，无论在生活中还是在比赛中。

　　这也许听上去是个合乎情理的好办法，但在这种普遍认同的智慧中，还蕴含着更多深层意义。众多全面且深入的长期研究表明，设定长远战略目标对于运动、商业以及各行各业都会带来积极影响，单就运动来说，这种方法已经被运动员们实践了数十年，用以减轻压力和提高竞技水平。

　　就人类脑力而言，持续打出时速超过150公里的快球和让下一财年收入提高10%其实并没有想象中的那样差异巨大，因为这些都是很难完成的任务，需要在技能提升、练习、专注和有效决策的基础之上设定清晰明确的目标。换句话说，如果都涉及实现目标，对大脑而言体育运动和商业行为是一回事，也就是说，可以适用同样的目标设定方法。

　　我对所有寻求提高表现的客户，无论是运动员、股票交易员、音乐家还是作家，采用的一种标准方法就是上一章提到的DOT练习，它能让人专注于发挥自身能力的三大要素，并且把重点放在其中的两者上：

　　击球率、考试成绩、奖金数量、在交友网站上进行了多少次约会或者完成一笔交易，这些都是结果，它们会受到超出自己直接掌控能力的因素的影响。本章将会重点引导你在设定目标时将精力转向"行动"和"思考"上来，进而对个人表现产生积极影响。比如，你可以做出什么不同改变？为了发挥出最佳水平，你如何看待可能出现的各种潜在结果？

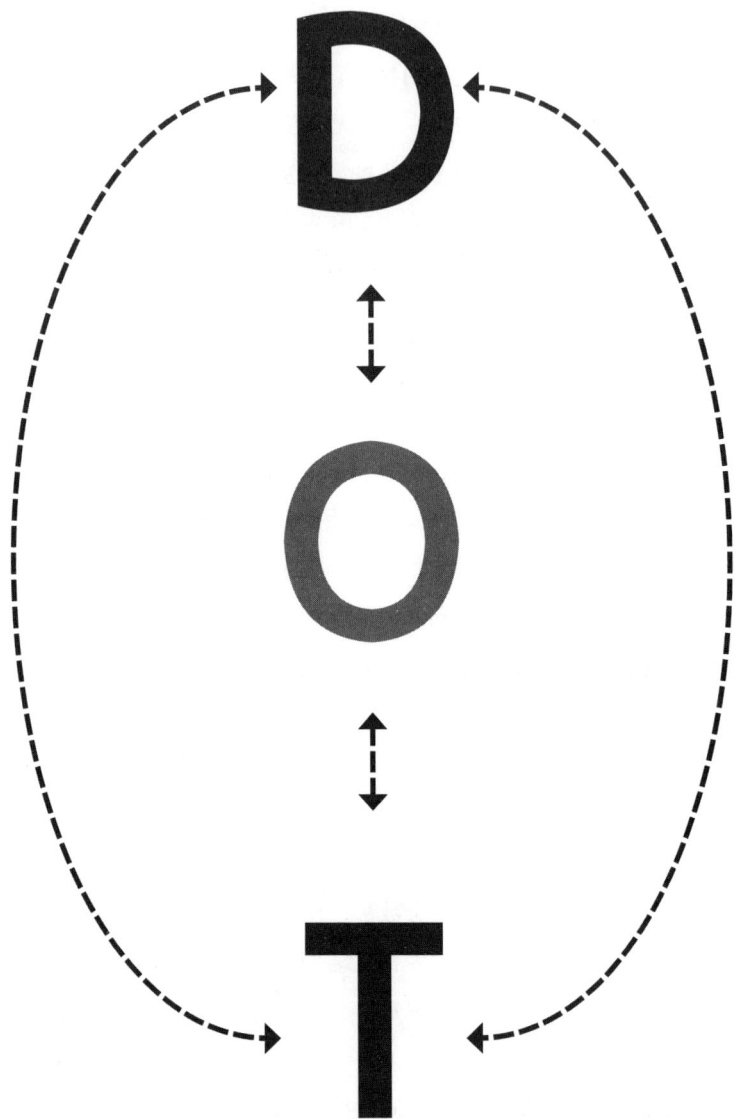

本章的核心内容是设定正确目标，帮助你在各自的领域实现梦想。我们将会深入分析结构紧密且合理高效的目标是怎样组成的，我也会告诉大家要如何创建以及必要时如何修改目标，以使其符合自身情况。

目标的基本知识

目标的标准定义简单明了，即生理或心理上的表现指标，然而有效鉴别并设定目标则要复杂得多。要如何才能设定一个具有足够挑战性的目标，既能激励你拼尽全力、朝着最终成果迈进，又不至于难度过高或者过于宽泛，让你中途放弃或忽视它呢？

我在和很多小联盟球员共事期间，经常听到十九、二十来岁的年轻球员谈论他们的新赛季目标。他们会说想要脱颖而出，打出尽可能多的本垒打，这样大型俱乐部就会注意到他们，将他们升入主队，或者下次上场就要淘汰掉所有对手，等等。

棒球运动中的每一回合都取决于双方球员。击球手就位之后，也许会觉得信心十足、动力强劲，已经完全看透投手的一举一动，从而能够轻松判断出球路，完美回击。但击出去的球可能是一记直飞看台的本垒打好球，也可能非常不幸地朝着中外野手而去，未能得分，令人失望。

对于投手也是同样道理，他会领会捕手发出的信号，例如一个朝着外角下方的二缝线快速球，然后按照计划精确出球。他也能将击球手要得团团转，让对方球棒挥空错过击球，而被误导的击球手则可能击打力量很小，以至于二垒手①无法接球得分。

上述两个例子充分反映出以结果为导向的目标有很大局限性，

---

① 二垒手和投手同属守队。——译者注

因为没有考虑到超出控制范围的因素，也没有精确手段来衡量其他因素会产生何种影响，如此一来便会有很大风险，很容易让人灰心丧气。

举例来说，如果投手目标是淘汰所有攻队球员，然而八局都没有得分，还投出了不少地滚球，不过却淘汰了一半对手，那么要如何评价他的表现？或者虽然他实现了目标，但在第二局交出了三记本垒打，而且在其他一些紧张局面下也没有很好地实现投球意图，又该如何评价？

再来看看销售团队中的一位当年业绩创下纪录、让整个团队拿下大笔奖金的明星，如果此人和同事无法融洽相处，难以沟通，又该如何评价？只看结果的话，这位销售的确奖金丰厚，但假如完成工作的过程和方式不做改动，恐怕到了下一年度或者更长远来看，这种进步也难以为继。

还请你后退一步，仔细思考自己在工作或者生活中想要实现的目标，也许是获得晋升，也许是买一栋新房子。但在初步评估目标质量之前，请你扪心自问下列问题：

　　这个目标是过程导向（采取某种行动/反应）还是结果导向（取得某种成果）？
　　超出能力范围的因素会在多大程度上影响到实现目标？
　　如何监督目标（比如评判是否成功）？
　　实现目标的相应计划是否明确？

之前我们探讨了过程目标比结果目标更高效的原因，但是过程目标到底是怎样的呢？

　　首先以棒球击球手为例，击球手能控制的主要是自己的准备活动和心态，运用训练中学到的全部知识来判断对方投手的出球路线，以及自己的优点和弱点。这时以结果为导向的目标是"我今天要打出好球"，但以过程为导向的目标则是："我要确保自己了解投手的出球方式以及他会采用什么计策来淘汰我，也要确保我就位之后身心放松，每次击球都全神贯注。"

　　除了这种准备方法，为了整体效果，击球手还可以采用一些其他方法，我们将在后续章节中分别探讨，其中包括情绪放松、掌控焦虑（第4章），积极自我对话（第6章）和想象（第5章）。因此击球手可以在准备过程中设定相应的一系列目标，并且说服自己他已经尽了一切努力来准备，至此最终结果只能顺其自然了。也许投手投出了一个球路尤其刁钻的滑球，击球手松懈一击，然后出现偏差，无奈出局；或者击球手充分利用投手这一记球路略有些长的好球，力量得当地将球打进了场上空当。随着时间的积累，判断自己是否遵循准备过程的能力不仅能提高每次击球的质量、最大限度地提高打出好球的概率，也能让球员摆脱太过注重得分结果而造成的压力。

　　在任何体育比赛电视转播中都能看到这种情绪的积极或消极体现。状态下滑的球员经常会焦急地面对每次投球，不顾一切地想要奋力一搏。如果失败了——常常如此，你就会看到球员走下球场时狠狠摔下头盔，猛地扯下击球手套，脸上写满了怨恨，这副模样也会随即登上当地报纸头条。虽然这看起来似乎是发泄了情绪，但实际上会让球员陷入由愤怒和失望组成的负面循环，使得下次比赛时无法达到心态放松的理想状态。

　　我与球员合作时，尝试设定一套完全不同的过程导向目标，而将击球或者淘汰击球手排除在外。比如说击球手表现不佳，但外野手发挥出色、顺利偷分时，击球手就应该接受现实，保持冷静地想："我奋力打出了这一球，完成了我的任务。"而不是气愤地说："我被偷分了！"击球手要专注于以平和的心态观察场上形势并做出相应反应，而不是过度在意每次都要打出好球，让自己身心焦虑。如此一来，这位击球手就位时便能够保持清醒头脑，准备好迎接下一球，避免过多的紧张想法令自己心神不宁。除非将过去的种种负面经历都带入此时此刻，实际上所有击球、做陈述或是感情关系都具备取得成功的机会。在棒球场上，设定目标（轻松投入到运动中而不是光顾着打本垒打）的意义就在于它能让人真正融入当下，能够有最佳机会在最重要的时刻取得成功：**那就是现在。**

同样方法也适用于运动之外的领域。我有一位客户曾在华尔街一家大型公司的交易平台供职多年，近期开始运营自己的平台。我们初次见面时，他和我谈到他的主要目标（每月赚三万美元）给他带来的持续挫败感和兴奋刺激。这个目标让他背负了沉重的压力，因为目前他远没有挣到那么多，而且他发现事态发展常常超出自己的控制，在市场上搏杀一天之后可能还会小有损失，但损失程度微乎其微，相较于同事取得的结果，甚至可以称为成功。

我们初次谈话时，我问他假如交易大获成功，逐步接近三万美元这个目标数字，他会处于怎样的理想心理状态，会达到怎样的理想"境界"？他思考片刻后说，处于"最佳状态"、收效显著时，会觉得自己内心平静，仿佛无所不能，他将其形容为"焕发光芒"——如同电影《黑客帝国》中的救世主尼奥（Neo）一般，漂浮在所有交易数据中，凭直觉迅速沉着地下达交易指令。

于是我帮他设定了一些和三万美元无关的目标，用于衡量他是否真正让自己达到了这种"焕发光芒"的境界。我们设定了两类目标——投入型和冷静型，以此主观评价他在交易时的冷静程度。运用后续章节中将要提到的方法——适应性思维（第6章）和呼吸方法（第4章），这位富有野心的交易员开始训练交易时的心态，每天都抽时间稍作几次停顿，来评价自己是否投入其中，心态是否冷静。

采取方法来监督这两个目标的实行，就足以改变他的行为。虽然这位交易员还有其他事项需要考虑，但重要的第一步是进行自我监督，因为这能防止他逃避问题，而逃避是成功的死敌。若是让自己置于逃避问题及其相应后果的境地，就会形成一个难以最终实现目标的恶性循环：越是犯下错误、遭遇失败，就越不去思考这些错误，继而逃避能够真正有助于做出更好决定的方法，然后反过来又造成更严重的消极逃避感。我们稍后会分析到，设定明确合理且有妥善方式来监督执行的目标，将有助于避免逃避心理。如果你能按照我在本章中讲述的方法来设定目标，便会开启惊人的思维模式并取得成效。

人类大脑在获得反馈时能够达到最佳运转效果，我们就是如此学到新知识的：首先进行尝试，观察会发生些什么，然后评估接下来该怎么做。不断增加的证据表明，人类在获得反馈且不断练习的前提下，能控制心率以及其他很多生物指标。

这一点对于棒球运动和办公室工作同样适用。如果一个大联盟棒球选手连续三次打出速度和方位一致的快速直线球但都不慎飞出界外，他的第四次尝试就很有可能获得成功，因为他已经知道自己在什么地方出了微小差错。最佳击球手的技术都是在和投手的一次次较量中提高的，因为他们会根据每次击球的表现来适当调整目标，等到第三或第四次击球时，他们已经收集到足够的反馈信息，因此更有可能打出好球。

我们的大脑生来就在不断寻求新知识、从外部世界学习，读者会买这本书，即是在某种程度上证明了这个道理。全速运转的大脑总在不断寻找方法来巩固新技能和新知识，并提高学习效率。而想要快速提高的最佳方法即是创建某种心理地图，帮助你在所从事的领域掌控全局。

设定合理目标便是在创建这张地图，我称之为"成功地图"。

这张地图越详细具体，反馈回路就越高效明确，能让你细致了解每项任务的细节，以及因为何种原因导致成功或失败，从而更快更好地实现目标，并且还能减少失误，少走弯路。它就相当于通往成功的全球定位系统（GPS）：地图更新得越快，与"设定目标"的网络连接得越好，就更有可能也更快地抵达成功的目的地。

例如一位国家橄榄球联盟（NFL）的球队教练希望手下的四分卫平均传球准确率能达到60%，而四分卫目前的传球准确率大约是55%，所以他需要至少提高5个或者10个百分点。

这位四分卫可以着手于各类独立因素来提高传球准确率，例如改善投掷技术、更快领悟防守队员意图，等等，从而找到更好的传球路线。而教练只需在训练讨论会上直白地告知四分卫："你需要完成更多次传球。"然后让他自行体会，通过不断试错来达到目标。

或者教练可以和球员一起讨论制订出一系列短期和长期训

练计划，二者结合可以更有效地达到预期目标，比如每周增加三次传球练习，熟悉进攻策略，又或者研究比赛录像时增加重点分析防守战术的次数。如果这位教练观念新颖，熟知运动心理学对比赛成绩的作用，也许还会建议球员通过调整呼吸来更加投入比赛。

上述例子中采用第一种方法的四分卫也许能把传球准确率提高到60%，但那可能是基于运气、运动能力或者其他难以衡量和重复的因素。即使他取得了成功，也不知道原因是什么，并且对于这种无端出现的成功会不会神秘消失也没有信心。相反，采用第二种方法的四分卫则有明确的成功路线，并且在不断进步的过程中，伴有明显的迹象来表明为何出现进步或原地踏步。

创建"成功地图"的两项巨大优势是，它能让人充分了解每一步该怎样做才能实现目标，并且确定在这个过程中可能出现的潜在障碍，让人有足够时间来思考应对策略。

实际上，我们从生下来就开始创建"成功地图"了。父母给了我们首次表现反馈，也许是根据表现的好坏来奖励或是惩罚；后来我们上学，很快便会发现哪些技能和习惯会获得高分，反之哪些会获得低分。但在开始工作、独自生活之后，目标和反馈则可能会变得非常主观，老板、同事和朋友也许清楚地明白他们想要得到何种结果，但可能不知道怎样很好地告知于你；又或者他们善于表达，但那些目标不适合你对自己的设想。

即便是最优秀公司中最出色的老板，有时也很难弄清哪些技能和习惯能帮你设定工作目标，以及又是哪些能帮你完成目标。如果采用本章中提到的方法，你就能通过向正确方向转移注意力（这是一种组织思维的主要原则）来解决上述问题。

请你回想一下本章开头提到的那位看到自己名字和战绩显示在大屏幕上的棒球运动员。如果他每次都愤怒难堪地走到击球位置，只想着下次能做得更好，就会忽视很多有助于提高击球效果的细节，还会背负巨大的压力。但如果目标设定得当，他便能审视击球过程，评估自己的动作是否符合要求，而不是到底有没有打出好球。实际上，这个目标本身就会引导他发挥出更有可能取得成功的水平。

目标设定魔法的另一个重要组成是动机。无论在运动界还是商界，"动机"都是一句流行口号，因为它代表无比强烈的情感力量。运动员也许会经历一段尤其困难的时期，又或者承受伤病的折磨，但之后我们常会听到，正是这段经历激励着运动员奋力前进，回归赛场。如果一对夫妇已经签下了新房合同，他们会迫切想要卖出老房子，也就是广告上俗称的"热诚卖家"。

因为他们想要完成目标。

内在动机，也就是稍后会在第3章谈到的"能力价值"，如果能与目标紧密相连，便会产生促使我们实现目标的内在能量。相较于其他人代行设定的目标，我们往往会对自行设定且完成后能让自己心满意足的目标更加投入，这就是真正全身心投入与遵循他人写好的剧本之间的差异。

棒球春季训练期间，我和很多选手聊过无数次，他们中有许多人都会和教练就下赛季表现进行沟通。教练需要完成本职工作，所以显然要积极安排，希望名下所有球员在新赛季都能好好发挥。身为职业运动员，必须要服从教练安排，努力提高技能，但从我所处的职业角度来看，球员真正领会教练意图和未能充分领悟这两者之间存在明显可预见的区别。最出色的教练和运动员能创造一种环境，在其中所有人彼此协作来设定合理高效的短期及长期目标，然后通过做大大小小的事情以求实现目标。如果你确立好了属于自己的"成功地图"，一旦读完第3章关于动机的内容，这张地图便能发挥作用，帮助你重塑个人动机。

如何界定难度？

现在大家已经了解到设定过程导向目标的意义了，那么完成标准到底要定到多高呢？人们在设定目标时的一个常见问题是，目标往往过于超出自身能力，所以注定要走向失败，而失败会让人垂头丧气，放弃努力。正如加里·P. 莱瑟姆（Gary P. Latham）和埃德温·A. 洛克（Edwin A. Locke）的研究表明，完全基于个人成就而建立的自尊会扭曲现实情况。

举例来说，假设你是一位首次踏入棒球大联盟赛季的菜鸟，或许你会把赛季目标定为击球率达到0.320，完成150次跑垒得分，但这些目标难度极大，如果赛程过半，击球率只有0.280，而且只完成了40次跑垒得分的话，留给你的提升时间就不多了。更糟的是，如果没有完成这些遥不可及的高难度目标，你可能会变得气馁，以至于场上发挥变得更糟！

相反，理想目标应当是现有能力的正确组合，发挥出色便可以实现，而不是存在极大挑战，只有1%的概率才能成功。

我们还是以稍早提到的股票交易员为例。如果他想将冷静程度直接提高50%，恐怕很难合理高效地制订完成目标的阶段步骤。所以他要是直接说："我明天要把冷静程度提高50%。"他就会朝着沮丧和失望的不归路而去，而且会迅速放弃目标和提高的过程。

更合理的办法是，目标既有一定难度又不会过难，也许是完成一周交易后能提高10%，然后下一周再提高10%，这样循序渐进，直到最终实现目标。

对于客观目标而言，这个过程非常直白：想要拥有更好的体型，练习目标可以是在每天的三十分钟锻炼中达到一个平均心率。那么首先可以测量一周锻炼时的所有平均心率，然后将排第二或第三位的数据设定为预期达成的平均目标。

但对于一些比较主观抽象的目标，比如"冷静程度"，设定相应的期望值就会很棘手，尤其是和心率或是卡路里消耗量这种直观具体的目标相比。对于一些难以界定的主观目标，我经常采用的一种方法是，根据一段时间内的表现来进行衡量。比如说如果交易员客户每天评价冷静程度，以10分为标准能给自己打到5到8分，那么他可以把初级目标合理设定为一周平均分数达到7.5分，即用客观标准来衡量主管表现。假设你今后三个月的目标是更好地与主管交流，也能以10分为标准来评价每次交流的质量，然后根据情况将后续交流的质量标准定为至少7分。

下面这个例子，能让大家看到这种方式是如何运用到实际生活中的。

我曾有一位刚从房地产公司首席运营官晋升为首席执行官的女性客户，她说她面临的最大挑战之一是觉得团队成员对自己的新职位有很大抵触心理，觉得一些管理层关键人物和公司里其他一些身处要职的经理在孤立她。我告诉她，在接受新职位后自然会感受到压力，并且问她特别想改变的是什么事情。

"我只希望他们能给我一个机会，更能接受我身为领导这个事实，在看到我的能力之前不要妄作评判，"她说，"我也希望他们能让我更多参与到探讨公司未来的对话中来，因为我觉得这有助于让我提出促进公司发展的对策。"

我问她觉得这些目标更侧重于结果导向，还是侧重于她在特定情况下的行动和想法？

"我想很多因素并非我能控制，而是取决于他们的想法和行动。"她说。

然后我问她可以增加或改变什么行为来直接影响产生压力的这些问题？

"我觉得这和我是否逃避有很大关系，"她说，"如果我能找到参与到他们对话中的办法，提高积极对话效果，我想可能会改善我们之间的关系。"

几次心理指导之后，这位首席执行官回到公司，开始每周和高层员工共进一次午餐，席间他们并不讨论工作，而是聊到工作之外的生活。她还决定定期巡视整家公司，每周挨个走访管理层办公室，从前台接待到高层领导，都和他们一一对话，目标是向各位同事表明她心态开放，能听取员工的任何意见。

每周她都会和我还有另一位在其他公司身处类似职位的朋友一起讨论她的进步，我们只关注她在这些对话中的表现，以及提高她的社交能力的方法。每次心理指导时，我们都会谈到她在进行这些对话时最有趣的经历，比方说因为话题是她不熟悉的领域（比如嘻哈音乐）所以她只能以笑声掩饰尴尬，或者是她把对方的名字弄混，等等。如果一位来自市场部的新星先前对她冷淡相待，但在她第二次巡视之后态度大有改善，这种成就会让我们欢欣鼓舞。

这位客户根据自身能力范围来设定目标的做法和我那些棒球

运动员客户一样，后者将投球转化为精准的接球游戏，或是将击球转化为衡量准备工作和过程进展的工具，但他们本质上都是把过程融入目标，以此来评判自身表现。

短期目标 VS 长期目标

你若是翻看基础励志书籍，会发现书中有大量篇幅都在分析如何设定短期目标和长期目标，这些书会深入到最微小的细节，为短期目标和长期目标的组成部分划分出最细致独到的时间表，并且告诫你每个部分该采纳多少。

对我而言，做出这些缜密分析的重要性并不如充分理解目标的整体结构，从而让整个提高过程和自身能力无缝衔接。

但毫无疑问，"细分过程"或者将大目标拆分为易于处理的小目标对任何人而言都是良策。假设整体目标是在年底的公司年会上做一次成功的演说，那么想要实现这个目标，第一步可能是与自己的五人项目团队交流时能保持眼神接触，如果在这种情况下"赢下"这个小目标，就可以增加信心，在心态上觉有能力取得进步。

与此同时，更大的长期目标也要一并存在，它会逐渐成为驱使你完成所有小决定和小进步的终极动机。也许对于一位棒球运动员来说，比赛结束后很晚还在场上额外练习100次动作并没有什么吸引力，然而如果这位球员转变观念，将其视为更大、更"高尚"的目标的一部分，如同必须要有对方投手的技术资料以及做好进攻计划才上场一样，那么就会很容易激发出坚持练习的动力，以至于击败人类天性，比如疲倦、灰心甚至懒惰。因此向着过渡目标取得小而积极的进步，会激发出向着更大且可实现的目标挺进的动力，进而产生更多动力和能量来最终实现目标。

评判：所有目标的克星

曾忍受着伤痛的巨大折磨、坚持打完战役的老兵乔治·穆尔二世（George M. Moore Jr.）有一句名言："胜者只是多做一次尝试的败者。"

此话意有所指。

半途而废是无法成功实现目标的一大风险，比如因种种理由无法坚持锻炼。如果我病倒几天或者出门度假，去健身房锻炼的次数就会变少，而一旦打破了"规律"，就会很容易放弃，或者把休息时间延长到两周甚至一个月。

探讨这种现象时，可以借用上瘾治疗中的一种叫作"预防复发"的方法。在戒瘾过程中，如果成功改变上瘾习惯（比如少喝酒、戒烟、戒赌或是健康饮食），但之后稍有懈怠，那么就很有可能会出现反复。举例来说，有研究表明吸烟者戒烟一个月之后，若是为了奖励"优秀表现"而吸上一支烟，很快便会开始复吸。

这叫作"破堤效应"，或者更常被称为"'去他的'效应"。也许更通俗的是我称为"三块饼干陷阱"的例子：假设你决定吃一块饼干，但发现之后只剩下两块饼干，你会想："算了，我已经吃了一块，干脆剩下的都吃了吧。"

而这正是在养成成功习惯时需要打消的念头。在运动界，如果想要阻断"三块饼干陷阱"，我们会在习惯中设下暗示，让运动员记住，虽然放弃了一次击打或是犯了一次错误，但那并不意味着不能在犯错之后随时重新开始、继续向成功迈进。也许我们会偶尔吃上一块饼干，但在保持警觉并进行训练之后，三块饼干全都吃光的现象便不再发生。

运动员时刻都要面对状态不尽人意的情况，他们也许被三振出局，放弃了一次本垒打，又或是彻底搞砸了一场比赛。这都会给目标带来危险，因为如果他们放弃目标，就会让负面结果触发"破堤效应"（"三块饼干陷阱"）。就我的经验来看，对目标最具毒性的威胁是面对失望结果或是初步计划失败时产生的反应。

永不放弃，绝对会更有可能实现目标，历史上最成功运动员的经历都反映出了这一点，哪怕遭遇挫折，甚至觉得目标根本无法实现，他们仍有办法顽强坚持、抵达终点。比如迈克尔·乔丹（Michael Jordan）就有过被大学球队"裁掉"的传奇经历，实际上大多数人都认为他在二队多待一年才能获得更多上场时间，而且当时球队教练需要一位长得更高的球员。然而乔丹丝毫未受此影响，虽然当时他没有获得机会实现目标，但之后他奋力拼搏，达到了篮球运动的巅峰。这个故事也生动体现了他多次被引用的一句关于成功路上遭遇失败的名言："我职业生涯中有9000次得分失手，输过300场球，26次错失众人寄予厚望的制胜一击。我这一生都在反复不断地失败，因此我最终取得了成功。"

在棒球领域，以及生活中，成功之路上有很大一部分都要解决如何应对预期失败或是不太理想的结果。这再次回到了那个声名狼藉的"过程还是结果"的问题上来：我们是不是太过注重成功（结果），因此忘了无论采用什么方法（过程）取得成功，都有可能出现不完美之处？实现重大目标的过程绝不会一帆风顺，这条路一定会蜿蜒曲折，有时它布满无数障碍，以至于让人觉得已经彻底失败。然而，如果我们能后退一步纵观全局，会发现失败其实无可避免，而且是整个过程中的重要部分。

除了这些防守松懈（不光是指棒球比赛中）或是犯下可以避免的错误的时刻，还需牢牢记住，仍有永无止境且不请自来的随机因素会阻碍我们取得成功，它们是真正无法控制的部分。既然有如此多的随机因素会影响结果，如果我们让这些小失误渗入并且影响到心态，就会面临很大麻烦，因为它们能迅速演化为一只代表失败的巨兽，点出我们犯下的所有错误，阻碍我们逐步前进并完成目标。

在棒球领域，如果击球手职业生涯中有七成时间成功，就意味着仍存在一定瑕疵，没有取得预期成就，因此球员很容易因为这些比例很小的"不请自来"的结果感到沮丧。而最成功的人，或者说那些将生活视为比赛的人，在面对失败时则能够随机应变，在接受这些意料之外的结果的同时，仍然寻找向着目标前进的方法。以棒球为例，这是一项胜败只在毫厘的运动：球如果往左偏两寸就是本垒打；往右两寸则会出界；往上两寸可能是个坏球，输掉比赛；往下两寸也可能是赢下职业棒球世界大赛的制胜一击。遭遇挑战或是事态发展不尽如人意时的反应能力将成为成功的关键。生活这场比赛中最成功的人是那些能"更好地失败"的人，他们会将失败演化为一种科学，不但不被它打倒，还将其转化为激励前进的动力。他们知道怎样直面消极结果，尽管失败一开始会让人难受，但同时也会将其转化为锲而不舍的力量。在棒球场上，如果一种方式失败了，他们会稍作调整，但无论做多大程度的调整以及要进行多少次，最终目的都在于找到理想位置，完成接球或是打出本垒打。和陷在失败中变得思维模糊相比，不断进行调整所产生的"满足感"更让人觉得舒服。我们来看一个例子。

当你想到最优秀的棒球偶像时，过去一百年间哪位球员最让世人为之惊叹？我要提到的这位球员即是棒球运动明星的典范：
巴贝·鲁思（Babe Ruth）[①]。在大多数人眼里，鲁思的形象多半是
一球打向高空，但会让你感到非常意外的是，这位无比杰出的大
力击球手在职业生涯初期实际是位投手。据传说，有次比赛中他
因为沮丧而将球投向一位裁判，因为对方连续四次将他的投球判
为坏球，而且每隔四五天才有上场机会，也让他不是很满意，因
此他决定争取朝外野手的方向发展。冒这个险可能会产生两种截
然相反的结果。他的转变关键就在于既然觉得当投手毫无出路，
便冒险做出改变，把它当作一次重要的目标转变，以此来实现他
选择棒球事业并为之奋斗的内心目标。毋庸置疑，巴贝·鲁思轰
出本垒打的画面已经牢牢刻在了观众的记忆里，不过这段拼搏过
程及其实现梦想的坚定信念，往往不太容易被视作他取得成功的
要素。

　　这则逸闻能让我们提高对实现目标的理解和认知：即使是精
英中的精英，也会有不足之处。虽然我们很容易记住比赛结束时
定格的比分、观众的欢呼和所有人脸上流过的泪水，但常常忘记
在取得这一切辉煌的过程中，那些错过的击球、出界或是发球下
网，等等。而这些过程能提醒我们脚踏实地，在遭遇失败时安抚
心态，让成功之路上的崎岖险路和崇山峻岭变得不那么可怕。爱
尔兰著名作家塞缪尔·贝克特（Samuel Beckett）曾写道："努力
过，失败过，这并不重要；再来尝试，如果再次失败，也请做得
更好。"在此我们可以转换一下观念：好吧，这周我们定下目标要
去五次健身房，可是只去了一次，而且只有十分钟。不过不要把

---

① 原名乔治·赫尔曼·鲁思二世（George Herman Ruth Jr.），20 世纪 20 年代
著名的棒球运动员。——译者注

它当作失败，让自己灰心丧气、失去动力，而是抓住这次机会：下周要做得稍微好一点。

很多人会因为没有获得预期结果而自我批判或者对他人评价反应消极。几乎所有我协助过的优秀运动员和商人在消极结果出现前就知道该如何应对，他们会对可能影响最终成果的实际情况和心理问题做出预估，提出应对方案并搞清楚该从何处寻求帮助。这些措施将会和第7章设计的方法吻合。

找到能让人从微小失败中恢复的"刷新"或"重置"方法非常重要，因为像是放弃决定成败的本垒打或者没有提高平淡销量这类意外结果并不代表职业生涯的结束。在你将要创建的目标路线图中，要为这些障碍留出空间，并且要提醒自己避免因自我批判而出现"破堤效应"。对于这场克服失败全力争胜的战斗来说，通过自我对话和心理暗示来抛弃批判还只是成功了一半，另一半则是要再次尝试，这能让你改进目标，适应逆境，最终走向成功。正如美国著名篮球教练约翰·伍登（John Wooden）所说："失败并不致命，无法改变才是致命的。"

记录进展

要想画出正确的路线图，首先必须知道起点和终点的位置，把为这趟旅途制订心理和身体计划设定为目标，因此理所当然地需要精确高效的方法来为成功之路定下起点，并评估一路上取得的进步。

这其中有些部分是我们稍早讨论过的制定客观及主观标准，比如投入程度或是目标平均心率，等等。但除此之外，提前制定在过程中可以遵循的书面标准也是非常重要的。

　　假如你某天醒来决定要减肥，然后便会与自己内心稍作交谈，决定以后要吃得更健康、更经常去健身房。但如果这样做，其实并没有制订能产生实际效果的清晰步骤，这种模糊片面的交谈会为自己留下很大的摆动空间，就像下定一次决心之后，你会对自己说多少次"好吧，我明天就开始"或者类似的话呢？

　　无数研究表明，将目标清晰明确地写出来，可以作为一种可视提醒，而且白纸黑字也表示更加严肃的承诺性质，能让自己和身边所有相关人士更清楚你试图做些什么，以及打算如何做到。

　　同样，监督并衡量目标能让它变得切实有形，富有实际意义，而不仅仅是一个愿望。很多人在实现目标时都会异常艰辛，究其原因，主要是我们会自然而然地逃避困难，还有那些实际上可能不如我们想象中擅长的事情。设定目标时，需要克服的最大一项挑战是我们很容易就会疲惫、不知所措、饱受压力、对目标感到厌烦以及忘记为何要实现目标。这些都能让我们半途而废。

　　再来看另一个实例。

　　我曾有一位棒球运动员客户，他的目标非常简单：通过提高击球数量来提高平均击球率。

　　我们对他的目标设定过程稍作调整，改为通过选择更好的击球机会来提高击球率。我们一致同意，如果他能找出更好的球路，就更有可能实现最终目标，也就是更高的平均击球率。

　　运用本书中提到的一些基本方法，我们为他设定了一系列提高技能的初步目标，这些方法包括提高唤醒水平（第4章）和想象可能出现的球路（第5章）。我们也和球队击球教练合作，制订了调整击球动作的方案，以此来帮助这位球员实现目标。我们没有试图让他提高力量，打出"直冲天际"飞出场外的本垒打，而是让他练习在击球时使动作更加稳定持续。

为了监督进展，我们每周都会一起讨论一些更主观的目标，并且定期和击球教练会谈，评估他在比赛中辨认和选择球路的水平有了多大提高。我们也会查看数据，看看他对每位投手做出多少次判断——这体现了选择能力，以及他每次击球的球速能达到多少——这能体现无论球是否出界，他在击球时的信心程度如何。

如此持续几周后，这位击球手的平均击球率大幅提高。

"自从我开始注重我能控制的因素，我在场上觉得放松多了，"他说，"我不再像以前那么急迫，心里想着'我一定要打出好球，我一定要打出好球'。现在我只会想要正确呼吸，想象每一种球路。我只不过是改变了目标，却依然能取得理想结果，这真是奇怪。"

你也可以为自己创建同样的模式。只要确定你到底想要改变什么，改变的原因以及如何控制自己的思绪和行为，你也一样能走上通往成功之路。现在我要告诉大家怎样创建属于自己的成功地图。

练习：绘制成功地图

我们已经花了不少时间来讨论设定目标就像绘制一张通往成功的地图，而你也可以真正绘制出一张地图，一张为你量身定制的成功地图。我会为我的客户这么做。这是一张简化的流程图，会确定你自己想要达成的目标，并勾勒出为了实现目标要经历的步骤以及会妨碍实现目标的潜在障碍。

绘制成功地图这个练习或许会让你回想起学生生涯，但根据我的经验，只需用十到十五分钟来简单画出这样一张图，就能为我的客户带来深远影响。

一张成功地图通常如图所示（参见下页）：

这张图上大部分内容都一目了然。

请在图的最上方写下你的终极目标，也许是今后十二个月减掉约30斤体重，或是参加地方学校董事会的竞选。

然后在最下方再次写下这个结果目标，接着在它上方一栏用一两句话描述自己的动机或者是"能力价值"（在读完第3章后你会更熟悉这个概念）。如果目标是减重，动机也许是更有精力和孩子一起玩耍。如果想要新开一家公司，动机也许是想要更加独立，提高工作自由度，让自己更开心。读完第3章分析动机的内容之后，你会对如何运用能力价值有更深入的理解。

动机再往上一栏，是这张图上篇幅最大的部分，你需要描述过程目标是什么，或者奠定成功基础的阶段目标是什么。这由一系列小规模的想法和行为组成，会对最终实现目标起到很大帮助。比如想要减掉约30斤体重，过程目标可能就是改变饮食习惯并且调整运动量。在这一栏和下一栏中可以写上自己可控的想法和行为，如果能加以改进，成功便唾手可得。

成功地图上的重要元素之一，甚至说最重要的元素，是攀向成功的想法，在示例图上标注为"找出乐趣"。我们现实一些来看，如果设定了一系列只会带来惩罚与痛苦的目标，也许最终有所达成，但也只能算得上是狭义的"成功"，无法长久维系。如果能真正投入过程，享受其中的乐趣，那么目标设定会富有更多活力，且效果更好。

将职业运动员与所谓"普通人"区分开来的不同之处，在于他们对于目标更加执着。从外人的角度看，也许你会觉得这是因

成功地图

你的目标！

如何衡量成功？

找出乐趣

谁会帮助你？

挑战？

如何实现目标？

过程目标是什么？

动机是什么？能力价值是什么？

结果目标是什么？

为他们要靠成绩获得数千万的薪水，但就我所知，这是因为他们在设定目标和后续过程中，不断练习如何辨别与领悟动机和乐趣。

如果专注于动机和乐趣，每个目标都能成为自行巩固的循环，就会产生越来越多的能量来促使你实现目标。乐趣是需要练习的。请大家扪心自问：在填写成功地图时最享受的是什么？完成它时有何感受？实践时最期待的是什么？在提高人生中这方面的能力时，最富有乐趣的部分是什么？

在勇攀高峰的过程中，越能环顾四周欣赏风景，越会觉得这个过程令人心满意足，而且往往也越有可能爬得更高。为了明晰不同目标该使用哪种成功地图，我列出了三种不同领域的例子：运动、商业和健身。

你会发现例子中提到的一些方法（比方说想象、自我对话和呼吸方法）我们还没有涉及，在后续章节中，大家会更多了解到这些方法，并学习在成功地图和将生活视作比赛的整体计划中该如何运用它们。

享受练习

当你填写完成功地图之后，给自己一个奖赏吧，而且要确保是个实实在在的奖赏，比如说吃顿美餐，做个按摩，或是任由自己沉浸在最喜欢的一集电视节目里。这个奖赏最让你享受的是什么？请花点时间认真想一想。

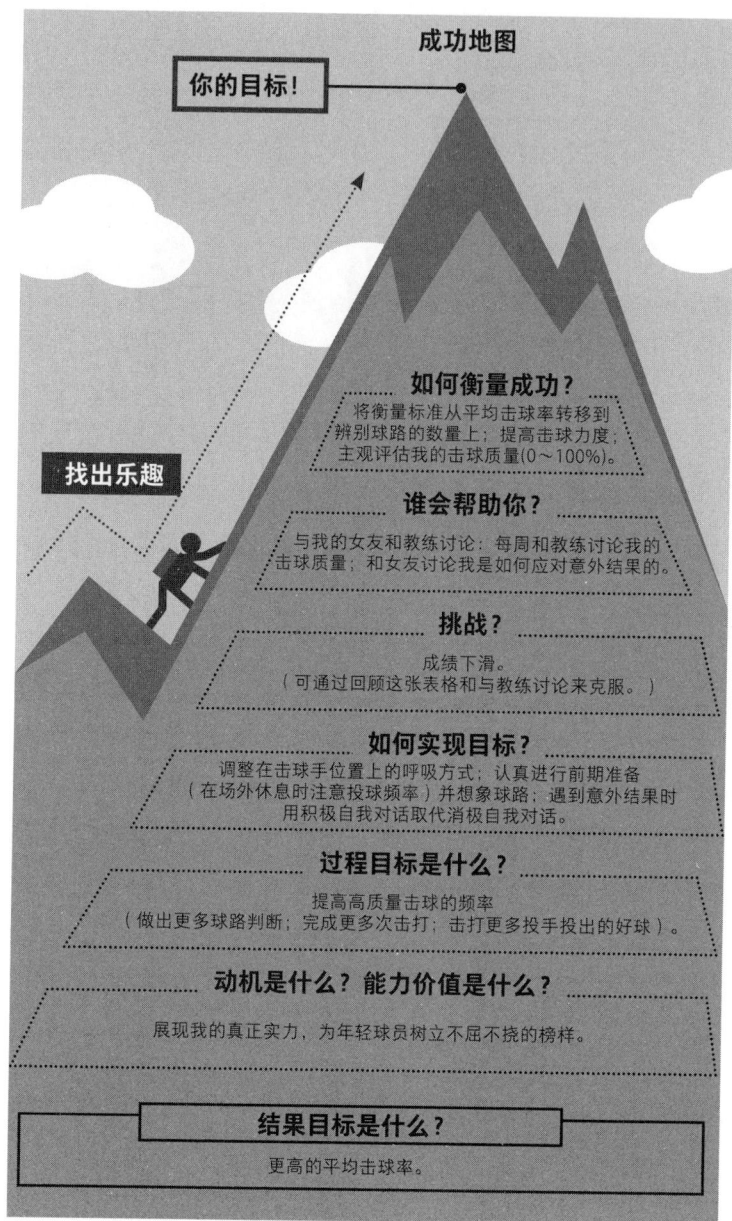

成功地图

你的目标！

找出乐趣

如何衡量成功？

将衡量标准从平均击球率转移到辨别球路的数量上；提高击球力度；主观评估我的击球质量（0～100%）。

谁会帮助你？

与我的女友和教练讨论：每周和教练讨论我的击球质量；和女友讨论我是如何应对意外结果的。

挑战？

成绩下滑。
（可通过回顾这张表格和与教练讨论来克服。）

如何实现目标？

调整在击球手位置上的呼吸方式；认真进行前期准备（在场外休息时注意投球频率）并想象球路；遇到意外结果时用积极自我对话取代消极自我对话。

过程目标是什么？

提高高质量击球的频率
（做出更多球路判断；完成更多次击打；击打更多投手投出的好球）。

动机是什么？能力价值是什么？

展现我的真正实力，为年轻球员树立不屈不挠的榜样。

结果目标是什么？

更高的平均击球率。

成功地图

你的目标!

找出乐趣

如何衡量成功?

坚持工作习惯;
工作习惯的主观质量。

谁会帮助你?

团队中的同事。

挑战?

客户提出难题;客户失去兴趣;演说过程中出现焦虑。
(采用适应性自我对话来克服。)

如何实现目标?

想象最佳表现;注意呼吸(参见第4章和第5章)。

过程目标是什么?

控制冷静情绪;在演说开始前、进行时和结束后都保持自信。

动机是什么?能力价值是什么?

在业界留下属于自己的印记:成功/能力。

结果目标是什么?

面向潜在客户做一场成功的演说。

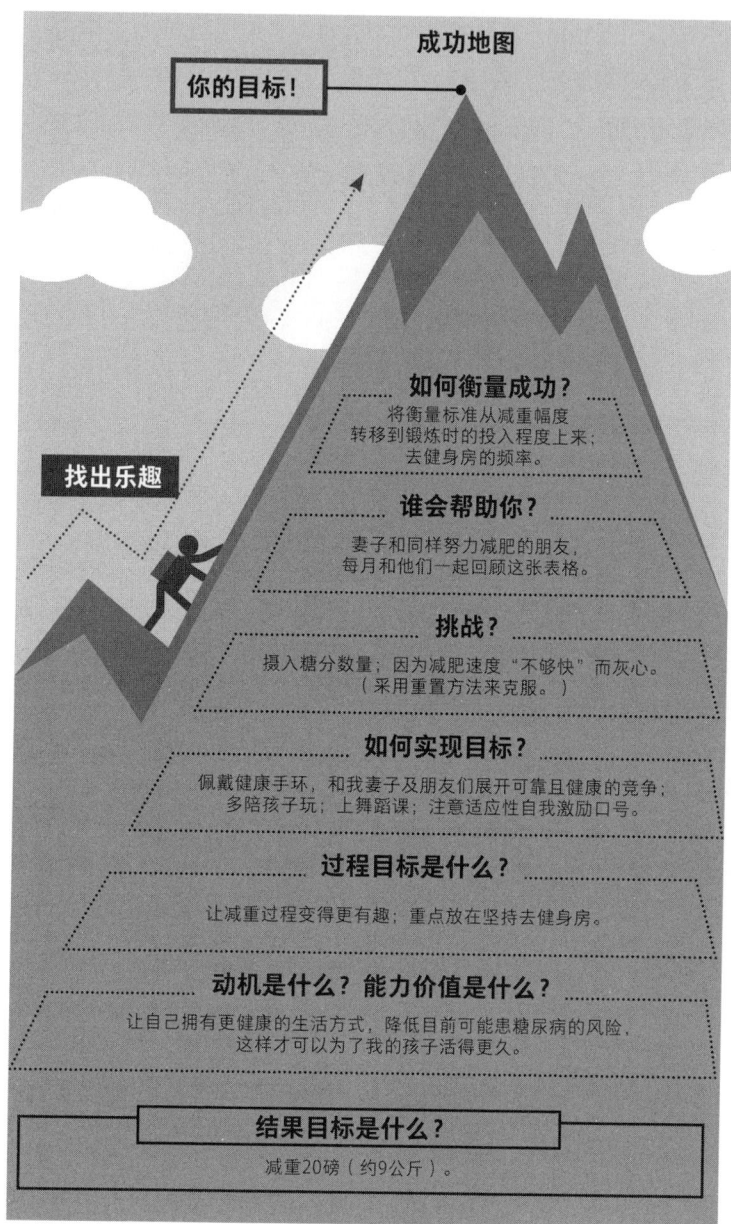

成功地图

你的目标！

找出乐趣

如何衡量成功？

将衡量标准从减重幅度
转移到锻炼时的投入程度上来；
去健身房的频率。

谁会帮助你？

妻子和同样努力减肥的朋友，
每月和他们一起回顾这张表格。

挑战？

摄入糖分数量；因为减肥速度"不够快"而灰心。
（采用重置方法来克服。）

如何实现目标？

佩戴健康手环，和我妻子及朋友们展开可靠且健康的竞争；
多陪孩子玩；上舞蹈课；注意适应性自我激励口号。

过程目标是什么？

让减重过程变得更有趣；重点放在坚持去健身房。

动机是什么？能力价值是什么？

让自己拥有更健康的生活方式，降低目前可能患糖尿病的风险，
这样才可以为了我的孩子活得更久。

结果目标是什么？

减重20磅（约9公斤）。

3

动　机

我曾和一位成绩跌入谷底的职业运动员合作，当时感到他有很大压力，因为这事关生计，以及他们的职业生涯会走到哪一步。他们可能会思考下列问题：

> 我能做到么？
>
> 我是不是就这么完了？
>
> 如果我其实没那么好呢？
>
> 如果我无法摆脱低谷怎么办？

为了打破紧张焦虑的气氛，我常常会从一个表面上看起来很简单的问题开始：

　　你为什么想要成功？

　　紧接着的通常是一阵充满迷惑的沉寂，然后对方问道：
　　"你这话是什么意思？原因？谁在乎呢？我有两周都没打出好球了，这才是我关心的事情。"
　　但我会继续追问，直到获得答案。
　　最终他们都会开始回忆起当自己还是小孩子的时候，第一次萌生了想要跻身棒球大联盟的愿望。令人惊讶的是，几乎所有领域的每位运动员回答这个问题时都会说出同样的故事：他们都梦想成为最强之人。
　　不过讨论并未就此结束。想要跻身大联盟并不能让我或者他们获得任何关于动机的有效信息。仔细想想，他们的答案大同小异，是因为没有深入涉及动机，与核心价值或背后隐含的本质毫无关联。于是我会继续追问同样的问题：为什么？

　　你为什么想加入大联盟？

　　至此，很多运动员依然不清楚我到底想听什么，所以再次泛泛而谈。

　　金钱
　　胜利
　　名誉

　　这些答案并非错误，但往往不是真正答案。"这些会为你和你的生活带来什么？如果得到它们你会有什么感觉？你说'感觉会很好'是什么意思？"我会继续问下去。在反复追问和引导之后，问题核心终于显现了出来。一位球员告诉我他打球是为了纪念父亲，他的父亲球技出色，但为了能让儿子有机会打球，牺牲了一切；另一位球员说，在球场上表现出色是唯一让他觉得真正实现人生意义的时刻——无论是在场上还是场外，而他想尽可能来延长这份体验；还有一位说他内心有熊熊欲望，想要向所有怀疑他的人证明他们都错了。

正如我之前所说，这些答案没有对错之分，它们的特别之处在于可以反映出运动员的本质感受和内在动机；它们不是放之四海皆准的默认答案，而是体现出到底是什么在激励运动员奋力拼搏。那么，这和我们又有什么关系呢？

我们做每件事，都有相应的动机，我称这些隐藏的能量为"能力价值"，它们可以反映真我的核心原则，而且在大多数情况下，将其合理控制后，就能转变为驱动我们走向成功的"燃料"。

我在和许多顶级运动员的对话中，见证到他们首次发自肺腑地吐露真正的动机。我发现他们终于说出实话后会觉得猛然醒悟，非常震惊，因为认清"能力价值"可以促使他们突然意识到目标到底是什么。

分辨这些埋藏在心底的能力价值，能促使我们为了成就伟大、为了"再多得到一些"而奋力拼搏。在所有人都天资聪颖的精英阶层中，这或许就是决定性因素。它能够将一位在比赛初期保持全神贯注并且投球时速超过150公里的投手，与一位已经完成101次投球但自始至终都保持良好状态的投手区分开来；这种差异也可能体现在如大多数人那样在季后赛中饱受整个赛季无可避免的伤病折磨的球员，与状态依然像春训期间那样出色的球员之间。

　　每位运动员生涯中的特定时刻都和一系列不同动机相匹配。如果仔细思考内在动机，会发现没有充分利用身体天赋的运动员和尽管天赋不高但依然取得成功的运动员之间的区别。近期我有幸参与了漫威公司（Marvel）与美国有线电视体育频道（ESPN）联合制作的《30年大事记》短片系列①。这套纪录片名叫《源起》（*Genesis*），主题是精英运动员与漫画超级英雄的相似之处，节目通过采访罗素·威尔逊（Russell Wilson）、卡尔·瑞普金（Cal Ripkin）、达妮卡·帕特里克（Danica Patrick）、布兰蒂·查斯丹（Brandi Chastain）、科林·卡佩尼克（Colin Kaepernick）、卡梅隆·安东尼（Carmelo Anthony）、亨里克·伦德奎斯特（Henrik Lundqvist）、托尼·霍克（Tony Hawk）、曼尼·帕奎奥（Manny Pacquiao）、阿尔伯特·普侯斯（Albert Pujols）等人②，分析他们每个人的成功故事与超级英雄有何相似之处以及原因为何，发现尽管他们本身都具备绝佳天赋，但其中一个共同点就是他们都"渴望成功"，自小时候起就对成功有着强烈甚至无止境的渴求。我的观点和我在为纪录片接受采访时所做的评论是，每位运动员，甚至我们每个人，生来就具备天赋才能，这可以视作硬件；然后我们学习技巧，接受指导，这可以视作软件。虽然我们可以拥有最出色的操作系统，但如果不好好使用，显然不会获得好的结果。无论是对顶级选手、商界人士还是父母而言，这就是动机发挥作

---

① 《30年大事记》（*30 for 30*）原是一套2009年播出的30集纪录片，回顾有线电视体育频道开播30年来的重大体育人物和事件，后续扩展出其他系列。作者参与的是2015年的短片集。——译者注
② 上述分别为橄榄球、棒球、赛车、足球、篮球、冰球、滑板、拳击项目中，来自世界各国的优秀男女运动员。——译者注

用的时刻。

无论是在赛场上还是生活中，强烈且清晰的动机可能会成为决定成败的关键。

然而辨别、分析和运用动机并不会凑巧发生或是灵光乍现，而是采用本章提到的方法加以练习的结果。我们一旦有能力分辨能力价值的力量之源，定会为它所带来的强度、专注度和决心所震惊。

不过人类内在动机的深度似乎超出我们的想象。我们常常听说有人在危急关头，为了拯救性命而爆发出"歇斯底里的"能量，从而做出超人之举这类奇闻逸事。假如你没听说过，以下便是一些例子：

> 1982年在美国佐治亚州的劳伦斯维尔，安杰拉·卡瓦洛（Angela Cavallo）举起了一辆车，车的高度让两位邻居能把她的儿子托尼（Tony）从车下救出；2006年在加拿大魁北克省的伊武吉维克，莉迪娅·安吉尔（Lydia Angiyou）与一头北极熊搏斗，救下一群孩子；2006年在美国亚利桑那州的图森，汤姆·博伊尔（Tom Boyle）从少年凯尔·霍尔特拉斯特（Kyle Holtrust）身上抬起一辆雪佛兰科迈罗，让司机救出少年；2009年在美国堪萨斯州的渥太华，尼克·哈里斯（Nick Harris）抬起碾在一位六岁小女孩身上的水星轿车；2011年在美国佛罗里达州的坦帕，南佛罗里达大学的橄榄球运动员达诺斯·埃斯特诺（Danous Estenor）抬起一辆90年代产的卡迪拉克赛威，救出压在后轮下的一位男子；2012年在美国弗吉尼亚州的格伦艾伦，二十二岁的

劳伦·科尔纳茨基（Lauren Kornacki）在千斤顶打滑之后，徒手抬起父亲亚历克·科尔纳茨基（Alec Kornacki）的宝马轿车，救出压在车下的父亲；2015年在加拿大纽芬兰省的圣约翰，尼克·威廉姆斯（Nick Williams）抬起一辆运动型多功能车，救出压在车底的小男孩。

这些超人之举常被认为是受肾上腺素驱使，问题是，肾上腺素来自何处？当我们看到其他人陷入危难时，内心似乎会燃起某种火花，而在生活和运动中的其他一些非危难时刻，类似火花或动力也同样会被点燃。一个尤为典型的例子是在极限运动领域凸显出的"动力之源"。

每年的"穿越美国"（Race Across America）比赛都需要自行车骑手在4800公里横跨美国全境的赛程中挑战人类耐力的极限。比赛从每年六月开始，正是夏季最炎热的时候，骑手需要尽可能快地从美国西海岸抵达东海岸，每次都要连续骑行十几个小时不能休息。

连续数日极度疲惫的骑行之后，很多骑手开始失去对颈部肌肉的控制能力，不得不用胶布把头盔固定在座位上才能坐直。他们饱受连续骑行和缺乏睡眠的疲惫折磨，经常会出现幻觉，觉得自己在被神秘生物追赶。但尽管已经累得头晕眼花，潜意识仍在努力帮他们完成比赛，因为他们源自内心的动机是如此深刻且真实。

这项极限耐力挑战运动的佼佼者是来自斯洛文尼亚的自行车运动员尤雷·罗比奇（Jure Robič）[①]，他的比赛成绩出类拔萃。他

[①] 五届穿越美国比赛的男子单人骑行冠军，2010年在训练中不幸丧生。——译者注

能连续八天骑完约4800公里全程，每天只睡九十分钟，如此击败其他对手。"我为什么要这么做？"他自问道，"处处都有动机……三年前我对一座山气愤不已，所以两个月内我爬了它三十八次。"

他也坦白表示，父亲忽视他而偏爱弟弟对他产生了影响："我这一生都在不断遭到排斥……我觉得我还不够好，算不上优秀。所以我现在擅长这件事。我想要报复，向所有那些觉得我是个输家的人证明我自己。"

这些运动员之所以能获得额外动力，可以用一个叫作"控制核心"的概念来解释。过去科学家们认为人体达到物理极限时，肌肉将会精疲力竭，而现在有专家认为人体内存在一个系统，称之为"控制核心"，它能防止身体消耗过度。我们可以把它视作汽车油量只够行驶50公里时仪表盘上亮起的黄色警报灯，虽然油还没有用完，不过最好还是先把车停下，别等到洛杉矶到拉斯维加斯的高速公路开到一半时车抛锚了！

有些人认为我们的身体也采用同样方式运转，换句话说，身体发出信号，提示说体力已经耗尽，强烈建议我们停下来休息。而罗比奇和其他极限运动员采取的方法是忽视这种信号，甚至欢迎它出现，让身体放弃掌控，转而让思维控制自己。他们会用不同方式对待这些疲惫信号，并且将能力价值转化为驱动力。正像罗比奇说他渴望向源自父亲和弟弟的心理阴影证明自己才是胜者："我自始至终都能感受到它，这正是我的力量之源。"

动机的基本构成

心理学领域的科学家已经很深入地研究了人类动机，发现动机可以分为两个大类：内在（本质）动机和外在（非本质）动机。

二者的主要区别在于控制者是谁：内在动机是由你自己构想并控制的，而外在动机是由其他人或是其他事（比如金钱）所控制的。出于对自己而言非常重要的特定原因，拼尽全力去成为某个领域的顶尖人士，与为了具体但又毫无意义的奖赏而完成目标之间存在很大区别。

能够体现本质动机重要性的一条重要科学理论，是由美国教授爱德华·德西（Edward Deci）提出的自我决定理论，它探讨了我们对于能力、关联性和自主性的理解为何会是启发并维持本质动机的重要组成部分。

无论是体育运动还是军事活动，强烈的内在动机都会对结果产生积极影响。美国西点军校的研究人员发现，相比于内在和外在动机混杂的学员，那些内在动机强烈的学员在学术和事业等多方面的表现会更出色。更重要的是，一旦认清人生价值和动机的内在及个人原因，便更有可能最终实现自己的目标。

一个人的内在动机水平是最终走向成功还是失败的关键。即便你具备先天优势——天赋、速度、智商、训练，如果没有突破自身局限的驱动力，也很容易被一位心理学家埃伦·温纳（Ellen Winner）所说的"怒求成功"的人所超越。这在美国大学生篮球联赛（NCAA）的乔治城大学队上发生过；在美式橄榄球运动员瑞安·利夫（Ryan Leaf）起跑位置落后于摩西·莫雷诺（Moses Moreno）时发生过，而后者只是一位不被关注的第七轮获选新秀；在1974年民主刚果的"丛林之战"中，穆罕默德·阿里（Muhammad Ali）击败乔治·福尔曼（George Foreman）夺得重量级拳王世界冠军时也发生过。

逐步了解和增强自己专属动机的能力，会帮助我们发挥最佳水平，并且保持能量与决心，坚持艰苦的努力，最终走向伟大。比如说，想要成为一名成功律师的动机或许是曾经看到心爱的人遭受法律不公，因此希望能让世界变得更加友善和平；想要成为业绩最优秀的销售人员的动机或许是渴望为孩子树立起一个坚持不懈的榜样。这些例子都能表明埋藏在内心深处的本质动机对于激发实现目标的动力而言不可或缺的重要性，不断完善的动机会带领我们朝着成功持续前进。通过采用和运动员同样的方法来理解并强化动机，我们也能驾驭并保持这股驱动力，提升自我，达到巅峰状态。

不过，这个过程并不像阅读本章这么简单。还请放下书本几分钟，带着全新领悟的耀眼动机稍稍散个步。其实完善动机的过程更像是带着金属探测器在沙滩上寻找宝物。

用金属探测器检测沙滩，也许要走上一段时间，机器才会发出声响，提示说这里埋着什么东西。如果真是如此，还必须深入把它挖出来擦拭干净，才能确定是不是找到了宝物。只有在花费时间将它彻底洗净抛光之后，才会知道它到底是一块罕见的硬币（能力价值）还是仅仅一块废铁。

这便是寻找自我动机的过程。起初你或许不知道自己的能力价值到底为何，对于渴望在工作中、感情中或是运动场上拿出最佳表现也只有浅薄片面的看法，然而随着你越挖越深，不断打磨抛光，就能看到越来越多的真实面目。

不过这需要花上一番功夫。

迈克·里克特（Mike Richter）是北美冰球联合会纽约游骑兵队的一位巨星守门员。他在业余冰球生涯时期就已经成绩显著，曾为威斯康星大学队效力，后代表美国国家冰球队和国家青年冰球队登上奥运会和世锦赛的赛场。因此当他在1989年季后赛期间首次代表纽约游骑兵队参加北美冰球职业联赛时，自然被当作冰球界的一位希望之星。

身处纽约运动界和媒体界这些漩涡中，迈克很容易就会迷失在其他人强加的"成功"和"胜利"的定义里。但相反，他决定遵循自己对于成功的标准，以他的个人指标作为驱使前进的燃料。

"对我而言，目标就是发挥我的潜能，无论那到底是什么。目标不是成为最好，而是成为最好的自己。"在一次热烈讨论中，我们谈到是什么驱使他在多年冰球生涯中都能保持成功，他说道，"唯一能决定成败的人是你自己。你知道自己付出了多少，也知道自己有多专注。你唯一能控制的是自己能力范围内的事：有多专注于此时此刻？激发了多少正能量？"

后来，当我问到胜利在多大程度上给他带来动力时，他的回答精彩绝伦。他说："如果把输赢当作唯一的动力，那实在是太二元化了，如此一来，幸福喜悦就会受到很多超出控制范围的因素影响。如果对手实力明显偏弱，只用发挥出自己一般水平便能取胜，那真的算'胜利'吗？或者如果自己表现非常出色，但全队没有拿下比赛，那真的算'失败'吗？赢下'比赛中的比赛'永远是我的动力，我想要沉浸当下，掌控力所能及的一切，然后全力发挥。无论输赢，我希望在走出赛场时觉得自己有所收获，变得更好。"

迈克的能力价值与努力和乐趣有关，而且他很快将此作为他个人成败标准中不可妥协的部分。"我练习的时候遇到防守队员布赖恩·利奇（Brian Leetch），一个小时之前他还坐在椅子上筋疲力尽，但在赛场上滑行的四十五分钟里，他仿佛将比赛视为斯坦利杯总决赛决定冠军归属的最后一场比赛来打，"迈克笑容满面地说，"这才是本质所在，我们应当养成每次上场都保持最佳心态、展现最佳技术的习惯。那些好球员会怎么说？他们会说：'我要上场比赛。我绝不会忘记冰鞋，我也绝不会忘记心态。'"

美国篮球运动员朱万·霍华德（Juwan Howard）和迈克·里克特一样，在芝加哥就读高中期间便一举成名，随后加入了著名大学篮球队。他天赋出众，身材高大并且投篮手感柔和，是1991年密歇根大学著名的"密歇根五虎"①成员之一，后来他成为美国大学生篮球联赛密歇根狼獾队的一员。他在美国职业篮球联赛征战了19个赛季，拿下两次总冠军，而1996年与华盛顿子弹队的合同让他成为历史上首位合同金额达到一亿美元的球员。尽管为了参加选秀，他很早就离开了密歇根大学，但他仍坚持在晚上和休赛期间回学校上课，后来在1995年拿到了大学学位。我们曾有一次聊到深夜，探讨持续保持动力充沛以及享受自己事业的重要性。

很多球员在达到职业运动顶级水平之后，会仰仗自己的才能得过且过，但只有那些既有才能又动力十足的球员才能最有效地发挥出本事。那天晚上，我和朱万就关于是什么激励他职业生涯如此成功展开了一番很有启发的对话。"擅长打篮球和对这项运动充满热情是两回事，"他说这话时透露出在职业篮球联赛征战多年的沧桑气息，"法代，我小时候每天从早到晚地打篮球，因

---

① 五位一年级新秀球员率领球队闯进美国大学生篮球联赛总决赛的惊人事迹。——译者注

为我比同龄人长得高，所以我常常和比我年长四五岁的孩子一起打球，如果球技不好或是不够坚强，根本没有上场机会。正是这股热爱和激情驱使我扛下了大学联赛和十九年职业篮球生涯期间的无数场艰苦战斗。如果不是因为酷爱，你永远无法展现出自己的全部实力。"

除了内在动机，朱万也充分意识到能参加美国职业篮球联赛有多么幸运。"因为比赛输赢或是发挥好坏而感到沮丧，这很自然，"朱万告诉我，"但我总是努力保持最佳观念和积极心态，因为我知道能获得这个机会是我莫大的荣幸。"朱万向我展示他是如何通过提醒自己要心存感激来在面对困难时保持动力的："有多少人希望有机会打上哪怕一场美职篮的比赛？但也许他们会受伤、会遭遇其他变故，因此永远没机会经历我正在经历的事情。我绝不想浪费我的机会。"

迈克和朱万都非常了解，如果只是宽泛地认为要"更努力"或是"加强练习"，是远远不够的，如果没有源自内心的清晰理由或动机，上述想法几乎没有什么效果。

比方说，很多人都在持续进行自我提高，这也是为什么像本书这样的励志书籍发行量巨大的原因。而这类自我提高背后的动机通常听起来都很熟悉：我们都想更快乐，挣更多的钱，有更好的感情关系。但只是"想做这些"对于实现目标而言，重要性完全不能与精确且发自内心的内在动机相提并论。

此时此刻，你便可以寻找内在动机。请在下页空白处写下你在职业生涯中设定的外在目标，比如某个季度完成一定的销售目标，或是完成一件指定的复杂项目：

现在请在这个外在目标下方提出一系列递进的"为什么":

为什么我想要……

销售额提高25%？

改善我的感情关系？

成为更好的家长？

经济上取得更大成功？

提高我的高尔夫球技？

请回答上述问题。如果问题答案不足以让你立刻抛下本书，开始朝着实现目标而行动的话，那么请思考以下问题：

为什么我会那样回答？

在这方面取得的成功会如何改善我的生活？

如果我没有实现这个目标，会有什么风险？

在这方面取得成功，会对我爱的人有何影响？

　　如果我实现了目标，这份成功的最佳之处是什么？

　　请一直这样思考下去，直到你明白了能启发你立刻起身行动的价值、观点或是原则。也许一开始只是很微小的事情，这完全没有问题，但最重要的是，你能找到促使你真正行动的内在动机，它也许会是与家人、宗教信仰和长期梦想有关的某种信念或价值。

　　我曾有位客户是位成功的小说家，她持续被困扰所有作家的毒瘤所折磨：文思枯竭。就像棒球场上状态起伏不定的击球手一样，她的作品质量参差不齐。有时一周就写出四十页内容，而有时连续十天都只能盯着电脑屏幕上闪烁的光标发愣。我们整个谈话都在深入探讨她的真正动机是什么。尽管她有很深的哲学倾向，而且教育背景也非常优秀，但她指出促使她撰写新书的本质原因：
"我想要再写出一部畅销作品。"

　　在我问完上述递进问题之后，我们的对话得出了更强有力的答案。她说因为上一部作品评论家质疑她的才华，批评她，认为她第一本书能取得成功不过是"侥幸而已"，恐怕现在已经不能达到当年的写作水平了。她说想要向质疑她的人和她自己表明，她内心之中的文学才华"依然活着"。

　　之后我问她，为什么证明自己依然具备出色的文学才华如此重要，我本以为她会渴望证明那些评论家都错了，然而她的回答让我很意外。她说自己曾遭受抑郁症折磨，这是之前我们从未聊过的话题。她说还没有投身写作时，年轻的她深陷悲观和孤立，到二十多岁时，她发现写作能让她为生命找回意义。她渴望保持这种意义，并且写作让她的自尊、婚姻和生活水平发生了很大改善。这些都是她强烈的能力价值，因此让她认识到这些价值并且提醒她不要忘记它们，就能让她保持写作状态，从而在之后几年写出畅销作品。在本章末尾，我会向大家展示一个更彻底的个人能力价值的辨别方法。

外界帮助的力量

美式橄榄球中的顶级外接手喜欢在休赛期间以小组形式结伴训练，这是有原因的，就像几乎所有健身教练都会建议，如果想要取得更好效果，最好找位健身搭档或是定期接受教练指导。以此类推，这便是为什么军训总会将新兵划分为小组，职业运动队总是让所有队员一起参与赛前训练，史上最伟大的比赛和表演总会发生在数万名欢呼雀跃的观众面前。

人类是一种社会生物，因此想要在孤立状态下激励自我会无比艰难。如果想要达成某个目标或是改变一种习惯，我们需要获得来自身边所有重要人士的一切必要帮助，以此来支持我们走完这趟旅程。这些人很好分辨，可能是我们的伴侣、朋友、家人、同事，等等。不过想要从这些密友身上得到正确的激励作用并非那么容易。我们可以把这种需要辨别、并在内心之中建立的动机比作一个火堆，就像任何火堆一样，它需要照看和巩固，如果不去关注它，不去给它添柴，它就会熄灭。换句话说，寻找正确的人来照看动机这个"火堆"至关重要。

维护和照看动机，便是职业运动队时常更换教练的原因，因为即使是最出色博学的教练，有时也会失去对团队的掌控，所以该换其他人来重新点燃这堆动机之火了。

当然，我绝不是建议你将丈夫、妻子或同事从身边的核心圈子里赶出去！不过越是从对方为你带来何种帮助的角度来看待这些关系，长远来看，这些关系就会变得越幸福且健康。同样，还请你谨慎考虑谁才是会对你完成目标起到帮助的人。也许你对挚友的爱至死不渝，但可能一位同事或者其他朋友能以更有效的方式激励你，或者你面对他们能更坦诚地谈论目标和挑战。

　　为了更好地确定谁才是正确的人生教练，首先你应当说明想要完成什么目标以及为何要这么做，对身边这位朋友直抒胸臆。如果你和伴侣谈论自己的想法，请说明具体细节。你是不是想找一个能定期监督你是否松懈的可靠伙伴？这个人是不是会时常提醒你不要忘记自己的能力价值，为你带来启发？还是说对方意志坚定，能每周陪你去三次健身房，彼此相互打气？和你想选择的人生教练来一场动机对话，明确说出为什么你想要实现某个目标——能力价值——以及你到底希望他们怎样帮助你。

　　定期和人生教练见面交谈以确定你的动机，是非常关键的。在填写通往目标的成功地图时（第2章），请确认你明白来自他人的支持能帮助你保持动力。

动机与习惯

　　我们都有很多习惯，其中有好也有坏。绝大多数科学家都同意，我们养成并巩固习惯的方式相对来说非常直接：受到生活环境的某种影响，进而产生特定表现，随之而来的某种奖励巩固了它。比方说，也许你吃过一种味道的糖块，觉得它特别美味，因此每次看到这种糖块都会把它拆开吃掉，这便是伴随着某种奖励的习惯，尽管从长远来看，吃太多巧克力的后果算不上太好。

　　在运动界，运动员们也有各种或好或坏的习惯。一位投手可能每次下场后都会花上一小时来回顾比赛中冲他飞来的大力击球录像，看看他有没有错过位置。这项准备工作会让他在下次上场前准备得更充分，并且逐渐演变成一种根深蒂固的赛后习惯。坏习惯同样很好养成。如果一位击球手苦于应对快速球，他可能会开始"作弊"，猜测假如来球是个快速球，就提早挥棒。要是这么做之后打出了几次好球，那么就可以巩固习惯，一直这么做下去。然而投手会迅速做出反应，改变球速，让击球手因为过早挥棒而当众出丑。

任何试图改变习惯的人都知道想要这么做会有多难，正因如此，将能力价值的自然能量融入习惯之中，让这种循环往复产生更好的效果才会非常重要。这么做实际上是运用了养成习惯的先天机制，把动机融合到了日常生活中来。

举例来说，假如你的目标是提高销售电话的拨打情况，想要实现这个目标，便需要从动机上汲取积极力量，比如说给你的人生教练打电话，夸赞自己取得的成就。这种心理上的"胜利"能巩固能力价值在实现目标过程中的作用，为不断前进添加燃料。换句话说，在改变习惯或是设定目标时，需要施以适当的奖励，以保持刻苦努力的动力。

这点在纽约大都会队的外野手迈克尔·卡戴尔（Michael Cuddyer）身上体现得尤为明显，他创造了一套聪明且富有启发的方法来为全队打气。他找了一个模样廉价夸张的摔跤冠军腰带，每次队伍取胜之后便要表演一番，把冠军腰带授予对胜利做出最大贡献的队员。

这类激发动机的行为效果非常强大，因为它将一个人渴望能力和才智获得认可的内在心理与来自家人或队友的社会认同结合到一起。在被问到这种举动为什么会影响到动机时，队员和教练都表示，一起享受比赛乐趣是他们展现完美实力的动力。

实际生活中的动机

这些概念和理论都很不错，可如果真正处在赛场或是办公室会怎样呢？只是抽象地描述动机和价值，写下来列成清单，这并非难事，然而如果直面可能会摧毁刚刚建立起的动机与信心的挑战，又该如何是好？

首先，请大家接受一个对于一位应当永远保持敏感的心理学家来说有些违背直觉的观念：感觉并不总是那么重要。当然，我并不是建议大家可以随意践踏伴侣或是朋友的感受来达成自己的目的，但对于我们自己而言，应当抛弃"所思才有所为"的现代观点了。实际上，很多时候，相反的情况往往成立——行为心理学已经表明，行为会以特定的方式激发思想。为什么会这样呢？

因为即使不能一直控制感受，我们也能控制行为和随之产生的想法。如果能够控制行为，通常能引发不同感受。也就是说在行动之前，相信必须要获得动机，往往只是帮助我们避免不适的一种策略。假如告诉自己还没有准备好——太累、太害怕或是太伤心，不想开始一种习惯，都是在利用感受来逃避可能引导我们走向成功的习惯。实际上，就算没有动机，也可以装作已经受到动机驱使而做出行动，这样不仅内心感受会响应身体动作，从而让自己沉浸当下、感受乐趣，也有可能通过与其他人和事的互动来更有规律地找到动机。换句话说，这么做是在建立通往动机的道路。

比如说，你受邀参加一个聚会，但觉得"没兴趣"。你觉得太害羞、太懒或是太没有安全感，觉得到了聚会上没有人会和你聊天，会变得非常没意思。不过在朋友稍作鼓动之后，你终于不情愿地去了，而往往聚会只过了半个小时，你就会发现和其他人相谈甚欢，为自己能如此享受这次聚会并且渴望和其他人交流而惊讶不已。

在一次聚会上收获满足感也许听起来不算什么大事，但这正是本书最重要的目标：让你不仅能采用运动心理学的方法提高自身表现，同时也对自己的表现感到满意。我当然希望大家取得成功，不过正如我和顶级运动员共事的目标一样，我也希望帮助大家享受在生活这场比赛中拼搏的种种乐趣。

显然，现实无疑会让我们偶尔遭遇不快，那么如何激励自己面对挫折，甚至在此情况下依然顽强进步，将会是决定日常生活投入程度的关键，无论那是要和办公室里十分讨厌的同事打交道，还是在非常艰苦的环境中找到展现自我的激情。

我们可以通过改变所处环境和把关注点转向乐趣或享受，来转换生活中的每时每刻。我和家人最喜欢玩的游戏之一，是积极尝试耽误一个正忙着要干什么事的人。乍听起来这也许并不是什么好事，但且听我细细道来！

如果我们之中有一个人正四处狂奔忙着准备就绪，另一个人就会开始聊起这个忙碌之人真正喜欢的事情，比方说，假如我妻子迟到了，我会问她关于室内装潢或是时尚方面的事情来进行这个游戏，而我妻子也许会和我聊起冲浪或是棒球。这个游戏的目的是通过是否能把他们拖进一场谈话来延长磨蹭时间，而且让他们动作慢下来，和自己的爱人愉快交谈。这么做非常招人讨厌，然而一旦对方意识到发生了什么，他们常常会笑出来，因为尽管还是迟到了，但现在他们能以不同方式来看待这种压力。后来我将游戏范围扩大，参与者也包括了世界各地的体育场、办公室和医院里那些不太友善的人，和他们聊起他们的爱好——看吧！他们的性格开始出现变化了。

你也可以对家人之外的其他让你觉得讨厌的人这么做，把它当作一个游戏，看看什么形式的对话能让你对他们更感兴趣。如果谈话对象长期沉浸在悲痛之中，你能否从对方那里获得积极回应？其实嬉闹心态在其他情况下也同样适用，我们不用太过专注于日常生活中的种种压力和焦虑，而是把它转化为一场游戏，看看能不能让办公室里遇到的下一个陌生人和我们一起放声大笑。这种愉悦和乐趣以及专注于行动的心态能顺势激发动力，让我们准备充分地去参加会议、拨打客户电话，或是下定决心去改善与一个难相处的人之间的关系。嬉闹心态有助于我们完善动机，不再受无聊、厌烦、紧张甚至厌恶的活动和情景所困扰。

在棒球场上，嬉闹心态在应对球员经历最可怕的情况之一时，可以表现出非常好的效果：避免状态陷入低谷。本书后续章节中介绍的很多其他方法都能帮助大家在生活中跳出状态低谷，不过尽管如此，在达不到理想结果时咬牙坚持，往好了说会让人觉得痛苦，往坏了说，恐怕会打消登上大型赛场、踏入会议室和完成销售电话的动力。为了让球员激发坚持比赛的动力，我也做出了上述保持嬉闹心态的建议，比如说建议状态下滑的球员在队友打出本垒打时，第一个在场边休息区等着和他击掌相庆；在和记者讨论自己艰苦努力想要摆脱低谷时，说些俏皮话或是开个玩笑，等等。如果状态不错且全情投入，就会使感受和态度导向积极，动力提升，不知不觉间状态便好了起来。

如果你也开始进行这些游戏，必然会掌握能在状态低落时促使自己重拾动力、回归正轨的"简写方法"，比如我之前提到过向客户讲解术语"ME"，其中M代表动机，E代表乐趣。因此与我合作的每位客户在重大活动或是会议之前都会做心理暗示，提醒自己要"投入ME"，也就是认清并牢记动机，投入到将要进行的活动中去。

如何去做：找到能力价值

我和运动员客户会做一个确认对他们而言什么价值和动机最重要的练习，大家也很方便来做。这个练习形式是动机心理学中取自动机性访谈的强效方法"价值卡片分类"的变体。

首先请大家看一看本章附表中列出的各种价值，想清楚哪些价值对于实现你目前的人生目标而言最为重要。

选出其中三个，这三个主要动机便是你的**能力价值**。

之后请思考下列问题，包括每种价值和你的实际目标有什么关系，无论是提高整体健康水平还是完成工作或处理感情中的某件事：

你是如何选择这些价值的？

它们对你而言为何重要？

看到所选的这些卡片，你会有何想法？

它们和你正在努力改善的问题有何关联？

辨别这些价值对你有何影响？

如果完成目标没有取得进步，会对你的价值产生什么影响？

从能力价值角度来看，实现目标会如何影响你的人生？

当你将目标和价值紧密联系到一起时，其实会让价值本身发挥催化剂的作用，把日积月累的努力转化为最终的成功。你可以把完成目标的实际方法（比如想要健身就每周见两次健身教练）当作一辆车，把能力价值当作加到发动机里让这辆车前进的燃料。

在顶级运动界，能够辨别并运用能力价值往往是坚持刻苦努力、实现远大崇高的特定目标的运动员与不能实现目标的运动员之间的分水岭。如果你已经确定某种能力价值对实现目标非常重要，那么请在对应的价值卡片上写下具体原因。

接着，为了强化能力价值的力量，你需要将它们置于日常生活中明显突出的位置。你可以简单描述一下能力价值，然后把内容打印出来，贴在每天可见的地方，比如电脑屏幕最下方或是健身房储物柜内侧。也可以用刚才练习所用的价值卡片，甚至把它设置为手机锁屏背景。很多运动员会选出一些能力价值，永久性地文在身上。美国篮球运动员勒布朗·詹姆斯（LeBron James）的著名文身便是后背上巨大的"天选之子"（Chosen 1），还有右前臂上的"除了造物主，没有人能看穿我的本性"（No one can see through what I am except for the one who made me）。英国足球运动员大卫·贝克汉姆（David Beckham）用印度语字母将妻子名字文在身上，而被火焰图案环绕的文身"只要他们害怕，恨就恨吧"（Let them hate as long as they fear）则是让他专注于内在动机的绝佳帮手。

无论采用何种形式，这些话语的用意在于提醒自己，如此努力实现目标的具体的强有力原因到底是什么。

比如说，有位运动员在一张纸上写"这一次，为了我父亲"，并将它贴在储物柜里，这是在提醒他自己要尽全力投入每分每秒，并且通过实现父亲因故未能实现的梦想来向他致敬。一旦选择了自己的能力价值，并且认定它们和目标息息相关，那么你也可以用类似方法把它们贴在书桌、墙壁或是储物柜里，让它们的力量激励你在工作或是生活中发挥出色，就像赛季进行到中段的运动员们一样。这么做之后，你就可以让这团动力之火持续燃烧，最终实现目标。

享受练习

如果你想到了完成目标的动机，并且也找出了相应的能力价值，你可以休息一下，做些已经发自内心想去做的事情（比如和孩子一起玩、爬山等）。请思考这些活动与能力价值有何关联。这会提醒你，内在动机对于完成任何工作或是活动而言都有着密切关系。找到相应的动机之后，你就可以准备更加充分地投入到目标中去了。花上一分钟时间从旁观者角度来审视投入其中的自己，细细品味其所带来的这份喜悦。

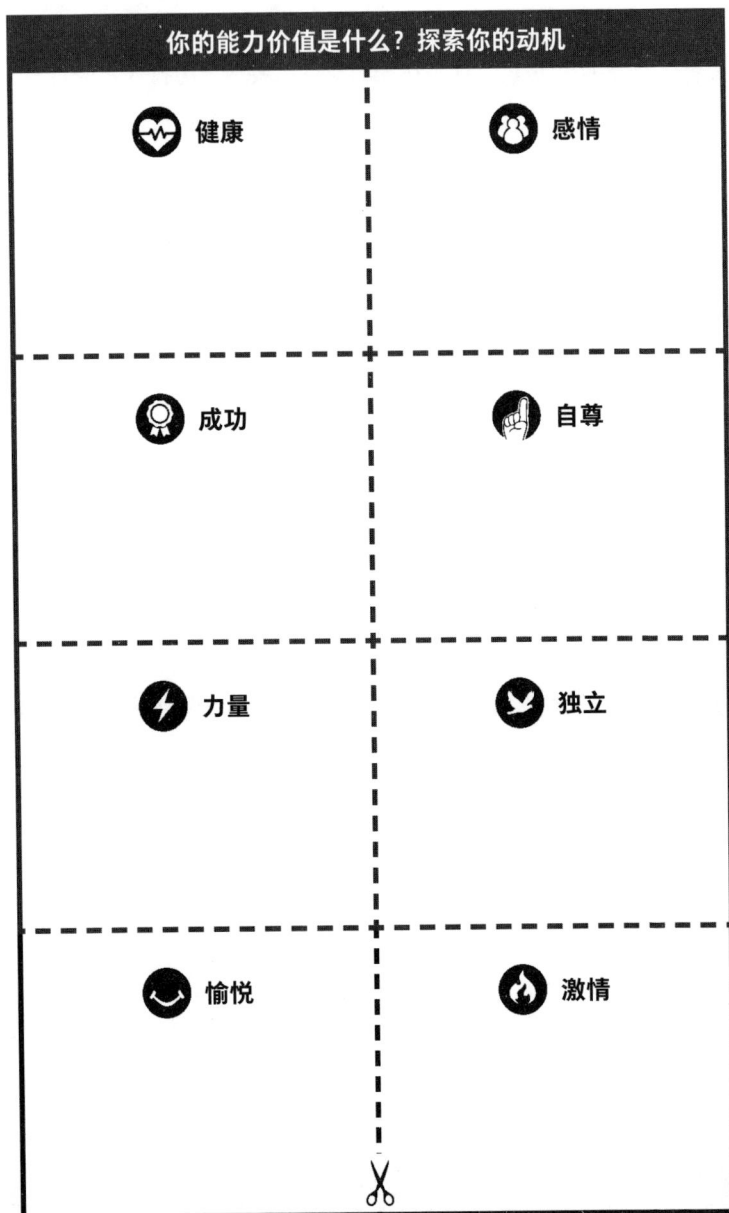

你的能力价值是什么？探索你的动机

❤ 健康

👥 感情

🏅 成功

☝ 自尊

⚡ 力量

🕊 独立

😊 愉悦

🔥 激情

✂

你的能力价值是什么？探索你的动机

责任

同情

创造力

爱

目的

慷慨

信念

稳定

4

掌控焦虑

下面要说的视频非常滑稽，当然我自己不这么觉得。

视频开始时我正在停车场里，仿佛刚刚赢得世界重量级拳王那样高举双拳。从摄像机的麦克风里可以听到狂风呼啸而过，把我身后机场的草坪吹得平平整整。

下一个镜头里，我正在穿戴跳伞装备，这时的我看起来没那么有信心了。我扫视四周，跳伞教练正在用力拉紧跳伞绳，确保我的安全。

接下来我穿过停机坪走向飞机，这时的我已经面色惨白，仿佛全身的血液全部流光一样。拍这段视频的朋友努力让我回答一些问题，但我只能敷衍一笑，心不在焉地挥了挥手。

视频的最后一个镜头里，我已经登上飞机飞到半空中。我和跳伞教练拴在一起，机舱门打开，露出了外面湛蓝的天空。我转向镜头试图说点什么俏皮话，但什么也没说出来，我满头大汗，看起来马上就要吐出来了。

我第一次跳伞时经历的这些感受正是人类"生物警报"的绝佳例子。我们生来具备一套自动内在调节系统（交感神经系统），它的工作原理和烟雾探测器非常相似，如果出现"火警"的蛛丝马迹，它就会拉响警报。当然从进化角度来说，"火警"其实指的是能够造成物理伤害的事情——对我们的祖先而言可能是一头正在逼近的凶猛狮子，于是警报系统驱动身体进入红色警戒状态：血液向大脑和肌肉输送更多氧气，以迅速做出决定并快速响应。遇到典型的"战斗还是逃跑"抉择时，警报系统能让人类做好要么逃跑要么直面挑战的准备。

这个帮助人类祖先辨别危险的警报系统数万年来都伴随我们左右，它也是人类这个物种能够存在至今的原因，不然如果没有它，恐怕我们或是我们的祖先早就被狮子吃光了，人类也就不复存在了。不过它有一个问题：不太擅长分辨出到底什么才是真正的威胁。

很多时候我们都会在赛场或会议室里遭受恐惧的挑战，然而身体却会把这种恐惧当作物理攻击，做出与实际情况不相符的反应。

比如说，你可能漏过一次投球，或是会议陈述时犯了个小错误，这显然不会要你的命，可身体却并不这么认为。

焦虑便是这生物警报系统的残存部分。人类之所以进化为这种形式，是因为忽视任何危及安全的物理威胁会产生极其严重的后果，于是在我们脑海中形成了"负性偏差"：相比于安全，我们会更关注有可能出错并伤害我们的事情。这会让我们在竞争激烈之时更难以掌控情绪。

这意味着我们需要学习如何引导焦虑，在遇到实际威胁时不至于焦虑过度。幸好我们可以通过学习掌握这种能力。学会如何放松，能帮助我们在生活中的方方面面提高表现，正如美国著名演员比尔·默里（Bill Murray）曾说的那样："越是放松，越能擅长任何事。你会和爱人相处得更亲密，和敌人相处得更融洽，工作表现更出色，对待自己也更好。"

理解焦虑

很多人认为焦虑是在遭遇紧张可怕的事情或是预感到坏事即将发生时——后者也称为"对未来的担忧"，人体做出的无意识反应。这在狭义上来说也许正确，但焦虑其实是出现生理冲动的实际表现时的情感反应。人类身体在感知到潜在威胁时会出现生理反应，而我们如何从身体、心理和情感上应对这种生理反应，将会决定最终感受到的"焦虑程度"。

如果我们感受到了生理反应——呼吸急促、心跳加快、肌肉紧张，然后选择从精神上和情感上"随波逐流"，向感觉屈服，这时我们毫无疑问只能听任本能摆布。这对于求生而言也许是个好办法，但恐怕未必适用于在棒球比赛关键局中击打快球或是在面谈中拿出绝佳表现。以下列出了和我共事的诸多精英人士在职业生涯和日常生活中常会担心的事情。

对未来产生担忧的十种常见原因：

· 进入竞争更激烈的环境
· 比赛重要性变得更高

· 潜在健康问题

· 工作不稳定性

· 面对伴侣、朋友或孩子的情感压力

· 公开演说

· 财务的不确定性

· 陌生的社交环境

· 约会

· 大规模的财务交易（例如买房、买车等）

无论是运动精英还是商界精英，都没有**消除**上述焦虑的秘方，他们只是知道如何辨别感受到的焦虑程度，然后根据情况掌控其表现出的效果。在此，"掌控"也存在显著区别，其目的并不是让我们在面对身边发生的事情时没有任何情感反应，而是充分感受生理反应的程度，在激化作用最强时合理运用，让自己足以反应敏捷而不至于失去控制。本章我便会讲解实现这一点的具体方法。

转换看待事物的思考方式——变换思维框架——来应对焦虑或恐惧，就可以立刻减弱其带来的影响。改变思考角度有助于消除部分担忧，我们会在讲解自我对话的章节（第6章）详细探讨。当然，还有很多时候自我对话并不能解决问题，也就是说我们需要采取积极策略来掌控紧张或焦虑情绪。准备充分地迎接即将来临的挑战，能让我们随时随地发挥出最佳水平，这其中积极控制身体、养成应对焦虑的自然反应非常重要。

海军中校埃里克·波特拉特（Eric Potterat）是美国海军海豹突击队的首席心理学家和高级咨询顾问，也是知晓如何在极端压力情况下优化表现的权威专家。他告诉我自己对于通过训练来充分应对压力的重要性的看法："无论是在战场上、会议室里、教室里还是运动场上，成功由始至终都取决于心理表现。那些学习并练习精心研究过的心理承受能力方法的个人或团队，能够更持续地在压力之下表现优异。这些方法的妙处就在于可以轻而易举地应用到生活中的其他领域。无论是身为商界人士还是父母，我们都会经受压力，而运动员、消防员、执法人员或军人所采用的应对压力的'专心工作'法，也同样适用于家庭生活，从而能让我们经受住压力或者产生抗压能力。我所教授的方法和课程不仅能提高表现，也能让我们的身心素质得到全面提高。"

像海豹突击队这样的精英战斗力量，在进行训练时会通过高强度身体锻炼来达到巅峰状态，与此同时，他们也会花费大量时间来训练战斗所需的精神和心理能力。在训练时，教官会将这些未来的突击队员置于极度高压状态，比如把全副武装的士兵扔进距离岸边一公里的大海里，这样，既能评估他们面对压力时的自然反应，也能训练他们以更可控的方式来应对焦虑。

海豹突击队以及许多世界级运动员和其他团队采用的一种基础方法是呼吸训练，概括来说，就是我们可以通过特定的呼吸训练来多少控制自身对焦虑和压力的应激反应。一家久负盛名的研究机构表示，普通人能通过每分钟深呼吸六次的方法显著缓解焦虑；另一项研究则表明，人们在心理治疗中采用呼吸训练后能缓解焦虑并且更加自信。控制呼吸时间和遵照指导方法来练习，都能增加我们对身体的实际控制能力。

恐怕没有人能比美国纽约消防局的消防员贾森·布雷兹勒（Jason Brezler）更了解如何面对压力情况了。他隶属于纽约布鲁克林区特种行动部，也是一位美国海军陆战队预备役少校，曾参加在伊拉克费卢杰和阿富汗的四次外派战斗任务。我非常有幸能与他和他的组织"火中领导者"（Leadership Under Fire）合作，这是一个专注于心理能力训练，致力于提高消防员和其他高风险行业从业人员表现的组织。

有次我们正在合作训练，他向我阐明了掌控焦虑对于顶级消防员的重要性。"如果出现火情，从消防站警报响起到消防车抵达现场只有几分钟，"他说，"我个人认为在心中预演可能采取的行动并想象火灾场景，同时进行呼吸调整，会非常有效，我觉得它的作用在于能控制心率。所有科学研究都表明，在进行比如搜救、破门、爬消防云梯甚至是将重要信息准确传达给队友等战术活动时，都会受到兴奋程度和心率的影响。在充满不确定性和危险的环境中激发的生理和心理活动会让消防员非常兴奋，而这可能会对任务产生适得其反的效果。如果要进入一间充满烟雾、能见度几乎为零的房间，消防员务必要预先做好计划，此时心率和呼吸频率必然会加快，这既是在此情况下的生理反应，也是焦虑造成的影响。除此之外，很多人类极度依赖的感官功能，比如视力，经常会显著下降。如果不能通过调整呼吸等心理方法来调节压力，很容易就会变得不知所措。如果心理基础不够强，那么身体状况、战术和能力敏锐度以及消防技术都会大打折扣。因此只有保持心理状态，才能运用身体技能来避免出现最差结果。"

在此，重点全在于度。也许对于贾森来说，不能妥善掌控焦虑的最差后果恐怕会事关生死，但同样原则也适用于其他情况，比如运动、会议、演说或者其他重要场合，关键在于越是擅长调节心理状态并平衡焦虑，越能从中获得喜悦与成功。

另一种有效转换焦虑情绪的方法是改变评估所经历感受的方

式，也就是相当于从"相机"的另一个角度来看待所处情况。

运动界、演艺界和商界的顶尖人士往往能从置身事外的"第三人称视角"来看待自己，如同在看视频录像一样。假如"看到"自己感到不适，他们便能跳出正感受到这种情绪的自我，转而从旁观者角度怀着兴趣更加仔细地观察。这能让他们从客观角度审视自己的精神状态，也是将焦虑情绪转化为生产力的理想平台，因为如果能将焦虑视为普通无害的事物，乐于去感受它，那么即便它依然存在，也能从中汲取能量。

对于客观审视压力之下产生的情绪，提高自己对它们的认识，把它们看作是自然而然的"衍生物"，都能逐步淡化最初引发焦虑的情绪影响。或者换句话说，告诉自己源自交感神经系统的焦虑其实很平常而且能起到帮助，便能降低因焦虑产生的不适，激发出更好的表现。

那么具体要怎样做呢？你可以培养思考以下三个问题的习惯：

我的身体正在感受到什么？

这种感觉是如何开始和结束的？

我在积极体会这种感觉时做得怎样？

很多由焦虑或担忧产生的不适感都源自我们对于结果和自身好坏的过多考虑，而并没有告诫自己，其实某种特定感受不会产生伤害，只是身体的自然反应，人类在面对不同情况时产生各种身体和心理反应是很正常的现象。也就是说，并不是压力让我们觉得难受，而是我们对于压力的评判和解读。

以下便是一个实例。

那是在棒球赛季的第一周，一位外野手新秀首次在主场比赛中登场亮相。现场有很多观众，大家都非常激动，想要看看春季休赛期广受讨论的新生力量的表现。

毫无疑问，这位新秀初次登场会非常紧张，看到第一个来球便出手拦截，疲软地传给了二垒，结果轻易出局。第二次和第三次同样表现不佳，他三振出局，跑到了三垒。

到了第四次，三垒上已经有两位外野手和一位跑垒，新秀所在的队伍还差一次跑垒，所以打出一记安打①至关重要。对方球队的经理缓缓走向捕手，和他说了几句，大概是提醒他不要放弃，让新秀完成击球。

这位新秀从击球区稍稍退后，整理思绪。他正处在一个新地方，身边是新队友，但这情景并不是第一次，他在职业生涯中已经无数次在关键时刻完成击球了。最初他觉得心跳非常困难，几乎能从耳朵里听到心跳，呼吸又浅又急促，仿佛正在热带打球，但其实那是美国中西部地区春季里的一个凉爽下午。他对自己说："我只是觉得有点紧张，这没什么，这只是我准备迎战时的反应。在大联盟比赛中挥棒击球正是我一直以来梦寐以求的机会。要是能一举成功该有多好啊！"这时，他发现自己的呼吸稍稍急促了，他努力平复下来，每次吸气和呼气都持续四秒，然后停顿一到两秒再呼吸。

错过第一个好球之后，他知道失去了一次好机会，但依然笑着对自己说："再来一球，这次我会拼尽全力。"

接着又浪费了两次投球，然后投手投出了一个慢速球，几乎

---

① 击球手至少能跑上一垒。——译者注

骗过了新秀，虽然他出手过快，但足以抢在空隙间打出一个地滚球。他意识到，是控制感觉让他发挥了最佳表现，于是将击球手套递给一垒教练，对他说，自己迫不及待再次迎接挑战，成为场上英雄了。

在此需要特别指出，无论是对这位新秀球员还是其他任何人而言，完全彻底的放松并不可取。心理学领域中最持久且得到最多经验论证的一条定律叫作耶克斯－多德森定律，它表明人们在面对太多心理挑战时可能会表现不佳，然而如果太过放松，能力没有足够"放大"出来，最终的表现同样会松懈下来。

因此我们所苦苦追寻的，是由环境激发出的意识和能量与冷静镇定的自控能力这两者的完美融合。毫不意外的是，心态镇定自若时，对困难和未知挑战的判断会更加准确，而且似乎周遭事物都以慢动作呈现，与之相反，如果缺乏镇定，人们就往往注意力不集中，因惊慌而胡思乱想，似乎身边的一切都"失去控制"，或是速度快到无法顾及。这种现象在职业运动队的新人队员身上非常普遍，以至于衍生出"真希望比赛能慢下来"的常见说法，而实际上那些最伟大的运动员都以具备"让比赛慢下来"的能力而著称。入选棒球名人堂的著名选手雷吉·杰克逊（Reggie Jackson）曾如此评价另一位纽约扬基队传奇球员德里克·杰特（Derek Jeter）："遇到重大比赛时，赛场上的一切动作在他眼里都是减速的，但在其他人眼里都是加速的。"也许杰特这种独一无二的能力源自天赋，但其实我们所有人都可以通过训练来以更有效的方法掌控焦虑情绪。一旦球员通过训练获得经验，掌握镇定心态，赛场上的种种动作就必然会"慢下来"，运动员也能充分与之融合，而不是因此恐慌。

我在从业生涯中，见过无数世界级运动员和其他各界人士遭遇关于保持镇定和掌控焦虑的问题，而这和其他所谓"普通人"在面对压力时遭遇的问题是一样的，只不过场合有所不同，比如一个面对的是坐满四万五千名观众的体育场，另一个则是公司里的会议室，但情绪反应都是相似的。

无论是获得赛扬奖（Cy Young Award）的知名棒球投手还是销售代表，对于任何人而言，培养根据实际情况协调应对焦虑的习惯都会提高压力之下的心理和生理反应能力。正确习惯能让我们克服一些最常见的焦虑障碍，比如完美主义或极度渴望获得认可。

因恐惧和压力产生的心理和情绪反应会干扰我们专注于手头工作的能力。你可能会觉得自己浑身颤抖，呼吸急促，可能开始产生无数"如果……会怎样"的消极想法，也可能开始预测胜负各自会产生什么后果。

这再正常不过了。

不过接下来要做的事将会决定是向焦虑屈服还是打破这个怪圈。

这其中有部分来自我们已经探讨过的呼吸练习和自我对话练习，另一部分来自思维模式的基本概念。卡罗尔·德韦克博士（Dr. Carol Dweck）开创性的研究表明，那些有"固定型"思维的人——相信能力是与生俱来且静态不变的，其表现不如那些有"成长型"思维的人好，后者认为能力是可以改变并提高的。

我想大家都能同意，从理论上来说成长型思维要比固定型思维更可取，但在实际情况中到底会怎样？而且这和掌控生物警报或焦虑程度有何关联？

请你回看刚才提到的新秀球员的例子。如果他是一个有固定型思维的人，在新赛季的第一周，他可能会认为自己是凭借天赋打进大联盟的，他的眼神和反应力会助他击打快球。这没什么。但如果他第一次出现状态下滑会怎样？这时他该如何看待自己首次登场时的能力表现？作为一个有固定型思维的人，他会坚信能力都是天生的，无法进一步提高，所以挣扎一段时间后，便会开始质疑"天赋"并怀疑自我。而如果整天担忧自己的能力是否足以登上这个赛场，心思便会很难真正留在赛场上。

相反，成长型思维则能让这位球员融入自己的天赋——毫无疑问，他天赋出众，同时，他也能从负面经历中学习。经受压力本身并不会让应对压力变得容易，但从中学到经验，在今后遭遇压力时能够运用调节的技巧才是关键。如果击球手遇到一个球路尤其刁钻的来球，他会将这次经历牢牢记住，以便下次不再被投手的动作欺骗，同时这也能让他的心态更加积极："虽然这次我没打中，但我学到了经验教训，为下次打到球做好了准备。"

这对我们来说也是一次机会。遭遇任何意料之外的结果（即"DOT"中的"O"）都是我们审视自身能力或者寻求个人提高的机会，此外，这也会对我们采用适应性方法应对焦虑的能力产生直接影响。如果你觉得因为演讲、会议或者其他重要活动而变得紧张，可以通过正确看待心理感受的方法来告诫自己。比如说，假设你正要向公司同事发表一番演讲，此刻的你就像刚才提到的新秀球员那样心跳加速。这时，更恰当的想法应是"这只是身体在帮我做好准备"，而不是"不好！我要搞砸了，出口在哪里？"再者，你可以转换为成长型思维，告诉自己"这正是尝试《生活是一场比赛》介绍的方法的良机"，而不是只专注于结果。无论结果到底如何，这都能让你保持镇定，不断成长。

掌控焦虑的方法

改善心态并不能创造奇迹，还需要运用到意识，或者甚至还要稍作表演。我们常常会通过解读他人的非语言交流行为来判断对方是否生气、对自己有爱意，或是否表现出痛苦、高兴及愤怒的情绪，等等，然后根据这些信息来决定如何与对方互动。一位运动员"趾高气昂"，他是想向对手、队友、教练和他自己表明他想要好好表现，而且如果获得机会，他定能实现这一点。相反，一位明显流露出气馁、恐惧或激动情绪的运动员，则是在向大家表明他很容易遭受打击，失去注意力。这会增强对手的决心，也会打击队友对你的信心。更重要的是，这种行为表明最需要这位球员的人已举手投降：那就是他自己。总的来说，我们的一切行为都会向自己的身体发出信号，传达我们此时此刻的感受。

很多年前，我曾和一位控制力出现问题的棒球投手合作，他是位身材高大的右利手选手，能投出高速快球，但当时他的球路定位出现问题，而且也打出了不少触身球①。伴随这些负面结果的是他内心中的"负面"情绪，这导致他在保送击球手或是看到对方击球时表现出的肢体语言非常消极，如果击球手打中了，尤其是当他觉得外野手本可以截住这个球时，他会狠狠击打手套，仿佛要把漏掉这个球的内野手揍一顿似的，然后他会使劲摇摇头，如同因为破产而伤心不已，垂头丧气地踢着投手丘上的土。

我并不是想说这些情绪反应是错误的，运动或是其他任何竞

---

① 投手力度控制不住的结果，被打到的对方球员可以保送上一垒。——译者注

争性活动无疑都会让人因为遭遇失败而沮丧，然而如何通过肢体语言表现这种沮丧心情，会显著影响我们看待失利的态度。身体会根据思维想法做出反应，同样的，思维也会根据身体表现做出反应。

大家可以参考由弗里茨·斯特拉克博士（Dr. Fritz Strack）、伦纳德·马丁博士（Dr. Leonard Martin）和萨拜因·斯戴珀博士（Dr. Sabine Stepper）于1988年所做的研究。他们选取了三组试验对象，让每一组参与者用不同方式拿住一支笔：用嘴唇叼住，用牙咬住，以及用非惯用的手捏住。用牙咬住的那一组不得不强行微笑，用嘴唇叼住的那一组不得不皱眉，用非惯用手捏住的那一组是对照组。几位博士发现与其他两组参与者相比，用牙咬住笔那一组因为动作所致，他们脸上的肌肉"必须"保持笑容，会觉得某部动画片更加有趣。换句话说，微笑这个动作影响到参与者对于快乐或愉悦的感受。

现在请大家想象一位胜利者通常有什么身体表现。比如一位打出决定比赛结果的再见本垒打的棒球明星和他那些冲进球场的队友，或是一位刚刚意识到自己夺得百米赛跑金牌的冠军选手，他们面对这些激动人心的胜利时都有什么肢体语言？

几乎所有人都会做同样的动作，紧握双拳，高举双臂，做出表示胜利的"V"形。这些运动员来自哪国、说什么语言都完全不重要了，因为这是人类对胜利的本能反应。

现在请大家放下本书来亲自尝试。站起来，将双臂举过头顶，两手握拳，像仿佛刚刚赢得重量级拳击比赛那样高举双臂，如果还有额外体力，也可以稍稍跳跃，然后高声呼喊："耶！！！"

感觉很棒，对吧？我们稍后再来分析它。现在换用相反方式，模仿失利者的举动：垂头丧气，面色阴沉，彻底灰心。这又是什么感觉呢？

现在回到刚才那位捶打手套的投手。我问他，他觉得对方球员看到他的举动会作何感想？他说："下一个上场的球员可能迫不及待要大显身手了。"这也丝毫无助于他和队友之间的关系：他们可不喜欢每次都要为场上失误感到难堪。

毫无疑问，个人的情感流露会给对手和队友带来积极或消极的感受，但消极情绪和肢体语言最重要的是会影响到自己的情绪和自信。如果你意志消沉，垂头丧气，就相当于是在向自己发出信号，无比清晰明确地告诉自己的身体："我是个失败者。"效果比大声呼喊更甚。进而身体和思维会做出反应，让你觉得自己更无能、更没有信心。

上述例子中，这位投手很主动地想要改变这种态度，因此我们制订了一套提高积极肢体语言和情绪的方法。无论是在运动界还是在生活中，努力专注去做某件事总比刻意不做要简单许多，因此我没有把重点放在让他不要耷拉肩膀上，而是请他想象从自己胸部正中向后拉出一根线，就像牵线木偶一般。每当遇到什么挫折时，就想象有一只无形的手把这根线使劲往后拉，让他的肩膀大幅张开，同时把位于远处的一面旗子当作焦点，紧紧盯着它看，而不是低头看地上的土。这两个肢体语言的微小改变就能让他提高信心，在下次投球前做好准备——因为动作上的简单调整向他的身体释放了积极信号，从而帮助调节所谓"压力"或"沮丧"的生理反应。此外，练习这些压力掌控方法也能让他的态度变得中立，而不是过度担心比赛的消极结果。

此后每当他上场比赛，我都会仔细观察并给出反馈，告诉他在保持镇静、提高信心和调节身体姿态上做得如何。大家在生活中也可以采用同样方法来改善自身表现，如果坚持练习下文中提到的方法，你也会成为身体调节大师，击败内在和外在对手。

如何去做：呼吸调节——掌控焦虑的关键

发挥出最佳水平且克服焦虑情绪的重中之重，是学会如何让身体的运转速度慢下来。我们都知道一定程度的生理反应是激发能力的要素，但如果反应过度（焦虑），恐怕就会对能力产生负面影响。调节呼吸规律是让人放松的一种可靠方式，它有很多好处：首先，它能减缓生物警报或是交感神经系统的运转（战或逃），促使令人镇静下来的副交感脑神经系统发挥作用；其次，它有助于掌控焦虑情绪，让人能沉着冷静地做出决定，以最佳方式应对情况；最后，呼吸调节是让身心准备就绪、迎接挑战的关键准备活动。

呼吸调节练习十分简单，哪怕每天只练习五分钟也足以起效，最理想的调节方式是每分钟深呼吸大约六次。当然，完全控制六次呼吸的节奏会非常困难，所以可以通过给每次呼吸计数的方法来实现目标。首先，我们可以从一次呼吸持续九到十秒开始：吸气四秒，呼气四秒，然后停顿一到两秒。在吸气时请在脑海中计数："一千，两千，三千，四千。"呼气时也以同样方式计数，然后停顿一到两秒，再重新开始。尝试把气全都吸到肋骨下方的横膈膜中去，然后在呼气时从横膈膜往下按，腹部发力全部呼出。你可以想象在腹部仿佛放了一个气球，吸气时把气球完全充满，呼气时再把它全部放空。如果你觉得这种腹式呼吸练习比较困难，也可以先以呼吸计数为主。

世界上恐怕没有比美国冲浪选手莱尔德·汉密尔顿（Laird Hamilton）更了解呼吸方法的人了。莱尔德是冲浪界传奇人物，他是拖拽冲浪——一种在大洋中找到世界最大海浪，然后以近乎濒临死亡边缘的方式在其中冲浪的极限运动的先驱，因此他掌握呼吸方法不仅是为了减缓焦虑情绪，也是为了能在被巨浪击倒后依然幸存。他曾向我讲述呼吸方法对他而言的重要性："呼吸方法能让我几乎立刻机械性地进入深度冥想状态。实际上在采用任何保护我们安全的外部设备之前，呼吸方法和我们的精神状态密不可分，而冥想能让我们融入精神领域，最终融入自我。一切的关键就是呼吸。"

要想进一步放松，你也可以在每次呼吸间隙进行自我对话或是自我激励：比如，对自己说"这次深呼吸让我更放松了"或者"我准备好迎接这次挑战了，因为……"。坚持每天五分钟的呼吸练习，能让你更加适应压力，甚至有证据显示这种呼吸方法及其他正念训练的效果是如此之强，甚至能帮助海豹突击队队员避免出现创伤后应激障碍。练习次数越多，越有助于在面对真正挑战时保持出色发挥，因为多次练习能让它变成自然的条件反射，所以遇到挑战时能自然而然地运用这种方法。它也可以作为一种掌控焦虑的方法或想象（形象化）练习的一部分。

如何去做：镇静试验及调节方法

你可以自行记录或是请人观察你在演讲或会议上的表现，记下一两个能提高自信和力量的习惯（"DOT"中的"D"），以此设计一些能改善镇静心态的常用方法。比如以下就是一些可以重点改进的地方：

- **姿态**：你的身体是缩成一团还是昂首挺胸？
- **视线位置**：你的视线是否与观众齐平？
- **眼神接触**：与观众的眼神接触多吗？尝试保持平衡。
- **微笑**：练习在听和说时保持微笑。
- **手臂／腿不要交叉**：保持"开放"姿态。

这些肢体语言练习做得越多，焦虑情绪就越能减缓，你也会越来越放松。

享受练习

人类天性使得我们更倾向关注哪里出了错。不过，享受自我经历的乐趣的一种方法，则是细细品味正确之处。你可以每天花点时间去发现、体验和感受那些没有遭受焦虑困扰的时刻，也许可以在手机上设置定时提醒来提示自己这么做。记住所有感受不到焦虑不适的瞬间，有助于让我们在面对压力时保持良好的心态。做这个练习时，你可以尽情感受身心良好运作时的一切所有。比如，你也许会对自己或朋友说"我感到非常放松，这让我十分感激"，或者"我发现我已经做好准备，可以上场了"。

5

想象：释放头脑的力量

如果你觉得棒球大联盟球员都是在春训期间**开始**为接下来的新赛季做准备的话，恐怕是严重低估了想成为地球上最顶尖的几百名棒球运动员之一所要付出的努力程度了。

我刚开始与职业棒球运动员合作时，与一位当时还未成为全明星选手的球员有过一次对话。这仿佛就发生在昨天。我们谈到他在休赛期间所做的各种为了在春训时能达到巅峰状态的身体训练。其间，他提到在训练身体机能的同时他也进行了思想训练。

"等到我开始春训时，我已经在脑海里想象过一千次击球动作了，"他告诉我，"这让我获得优势。"

毫不意外的是，很多研究都表明，相比于在做准备时不运用想象力的运动员，那些顶级职业运动员或是奥运会顶级选手更有可能用到心理排演——在脑海中想象自己成功完成任务的画面。

在探讨运动员身体训练的同时，不宜忽视想象训练，因为就像举重或击球一样，想象力也是可以通过学习和练习来提高的。

本章我就来教大家如何去做。

首先，我们从一个简单练习开始。

请你想象我递给你一片切得非常完美的柠檬切片，想象自己接过这片柠檬，缓缓把它拿到嘴边，咬向苦涩多汁的果肉。现在请你闭上眼睛再做一次，这次把手拿到嘴边，就如同指尖真的拿着一片柠檬一样。

如此一来，你觉得你会有什么感觉呢？我敢说有些人一定真的觉得嘴里泛起苦味，或是条件反射式地咽了几下口水。

在人类大脑内部，思维和想象力拥有巨大能量，它们能够，而且确实常常在极大程度上影响到我们的身体机能和心理状态。尽管一位顶级运动员能将身体条件提升到最佳状态，但如果这位运动员不能提升心理状态，那么一切努力恐怕会付诸东流，因为难以协调的心理状态会阻碍身体发挥出最佳水平，使他无法取得伟大成功。

这种情况在运动场上和生活中的其他领域里经常发生。曾有专业音乐家向我描述过这类典型情况：他们每天疯狂练习五六个小时来提升演奏技巧，却发现因为自己缺乏自信或是登上舞台后极度焦虑，导致在音乐会上表现欠佳。我有很多来自金融领域的客户常常因为市场的无情和在巨量的信息中艰难求生而备受折磨，后来他们学着每天花上十五到二十分钟时间来练习和所处领域相关的想象技巧，把它看作一种"泄压阀"，此后他们中的很多人在所处领域都取得了巨大成功。

无论你是想提升击球率、演奏大提琴、做一笔股票交易、领导一次会议，还是教孩子学会一个新概念，都可以采用同样的方法，充分利用练习时间来提升自己。生活中的一切都仿佛一场比赛，而想象将会是你打开宝箱释放才能的钥匙。

开始想象前先感受它

想象是一种强有力的工具，因为它有助于让我们在事情来临前调节心理以做好身体准备。尽管研究人员仍在寻找想象发挥作用的根本原因，但毫无疑问的是，它能触发部分神经肌肉系统。早在20世纪30年代，研究人员比如埃德蒙·雅各布森（Edmund Jacobson）发现想象活动在肌肉中引发的低级生物电活动要比肌肉真正受到刺激时的反应弱很多，近期的研究人员则致力于研究受到不同想象活动激发下的肌电图活动规律。当前研究领域关注的问题之一是发挥想象力时，具体会激发哪部分肌肉，这对于研究想象力为何以及如何提高表现来说影响更为重大。目前研究主要从两个方面入手，不过基本结论都是在我们想象时，身体会产生生理反应，而想象与表现提升也存在关联。

这种现象对于奥运会短跑选手、获奖演员和商品交易员来说是一模一样的。"在我参加一次活动或是一场会议前，我会把它看作是一场表演，"美剧《明星伙伴》中的明星阿德里安·格雷尼尔如是说，"我来到这里想要怎样表演？我想要扮演谁？会发生什么结果？然后我会在脑海中构思会发生些什么。很多时候人们想要某种结果，却不去做必要的练习来实现它，这就仿佛一位演员在登台表演时没有剧本、没有服装、没有做任何研究来融入角色一样，只能静静地站在舞台上，笨拙无力。如果不去研究角色特质，不去真正融入角色，那么在大幕拉开、演出开始时就无法真正成为角色。"正如阿德里安所说的那样，想象能让我们把目标从内在环境——脑海中，转换到外在环境中，比如舞台上，或者生活里。

换句话说，在实际做某件事之前，生动地想象如何去做，可以让我们获得必要的"经验优势"。当然了，这可不代表先花上一星期想象著名网球运动员塞雷娜·威廉姆斯（Serena Williams）的发球技术，然后就能在俱乐部比赛中发出时速近200公里的绝杀。但如果在脑海中构思自己的发球技术和提高发球技术所要做的一切，那么其产生的效果与前往俱乐部实地练习200次发球并无两样。

对于顶级运动员而言，想象的另一种甚至是更重要的作用在于帮助他们在比赛时摆脱焦虑。通过想象运动过程中的每一步，一位职业高尔夫球手在他决定打出什么球、完成挥杆动作和走下下一个击球点之前便已经知道到底会发生什么。同样，针对每种场景多次进行心理训练，能让我们对过程中出现的压力做好充分准备，被情绪反应吓到的概率也会大幅降低。这仿佛针对压力打了一次预防针，因为如果在脑海中已经面对过某个敌人，那么真正面对它时就不会那么慌张了。

这是如何做到的呢？

科学家已经建立起与想象的神经系统基础相关的一系列理论，但和很多大脑研究一样，我们目前还没有获知所有答案，但研究已经锁定到一些关键区域。一种理论认为，想象一个场景能让大脑激活相应的肌肉来进行小规模活动，建立一种在随后的实际行动中能够运用的神经肌肉模式。

另一种理论认为，想象活动为思维建立起针对一系列复杂活动的潜意识计划，这个计划在实际进行这些活动时能像地图一样发挥作用。还有一种理论认为，想象活动相当于一种心理练习，以此训练我们的大脑，来提高专注力、信心和抗焦虑能力。

上述哪种理论最正确或者说需要我们结合运用，其实并不重要，因为只有结果才能证明一切。采用一套简单的步骤，你也可以学会顶级运动员和商界精英用来应对挑战、在最激烈的战场上勇创佳绩的想象技巧。不仅任何人都可以学会这些技巧，而且其本身也具备在任何想要提高的身体和心理能力间切换的特性。

在一场棒球比赛的第九局就要接近尾声时，面对已经投出两次界外球且比分胶着的局面，从很多层面来说，这时的感受和参加期末考试、做出一次挽救职业生涯的商业提案、执行一系列重要金融交易或是与家人谈一个重要问题时是相同的。因此最好事先预判，想象如何才能取得成功，这些都是能够满怀信心地应对这些情况的关键所在。

不过在你将这种技巧当作一种晦涩难懂的外语来看待之前，其实想象——或者心理学上叫作引导想象，可能在某种程度上已经融入到你的日常生活中了。如果你每天制订日程，或者思考要和别人谈些什么事情，这就是在想象。如果你在脑海中构思一条路线，以求看到沿路所有风光，这也是在想象。

上述两个例子和精英人士所练习的想象技巧仅有的不同之处在于，他们会调动人类强大大脑的全部能力投入其中，精准调整想象活动，变换其中所有元素，以确保大脑是在用正确的方式帮助自己取得成功，很快你们也可以这样。

我们可以以白宫前任厨师和营养政策高级顾问萨姆·卡斯为例，他发现想象在烹饪和制定政策时都会产生良好效果。"想象一贯非常重要，我当然经常用到它，"他告诉我，"预估将会发生什么，想象具体情景，并在脑海中提前演练，似乎能够产生超乎寻常的力量，甚至让我期待事情真的会像我想的那样发生。想象能帮助我在厨房烹饪或者在制定政策时有清晰的目标，我会闭上眼睛，想象自己在白宫工作时身边仿佛有了一位帮手，这也能让我在面对影响生活的种种因素时保持清醒，不偏离方向。烹饪很简单，只需要学会想象一盘菜做好之后的样子。我记得我刚开始学烹饪时，一位指导我练习的厨师告诉我：'你一定要学会如何在脑海中品尝菜肴。'我心想，啊？他接着说：'你要学会在脑海中尝菜，想象它会是什么味道，然后构思出一盘菜的样子。如果这么做，最后完成的菜肴会更加美味。'他最开始这么说的时候听起来很奇怪，但很快我在实际练习中发现这种方法确实非常有效。所以无论是构思一种新菜式还是制定一个让低收入家庭也能获得食物的政策，我都会先在脑海中构思具体该怎样去做。要想产生巨大影响，应该如何发布新政策？我想得越多，练得越多，取得成功的概率也就越高。"

我写本章以及本书的主要目的之一，就是向大家讲述精英人士提升自我、取得成功的秘密。当然，所有人生来都是不同的，有些人天生就更善于想象，但仍有无数运动员、商界人士和其他没有这么高天赋的人通过训练提高了想象力。

最基本的想象"技巧"是能对某个场景做心理排演。对于运动员来说，要能够闭上眼睛想象自己置身于赛场，要在比赛中具体拿出怎样的表现，还有在比赛中遭遇心理、身体和情感刺激时该作何反应。这些想象会交织在一起，让棒球击球手在做准备活动时就仿佛已经看到面前的投手，听到观众的欢呼声，感受到手中球棒的纹路和涂了焦油的坚硬手柄。

随着心理排演能力的不断加强，球员能在脑海中持续回放想象场景，成百上千遍地思考击球动作。实际上球员这么做是在同时训练身心，以便在比赛中把构思好的所有动作都发挥出来。想象如果运用得当，会成为提升自信的极其高效的工具。

我们回到本章开头提到的那位全明星棒球选手，他对于击球方式的想象已经达到非常生动具体且多样的境界。在他无数次想象朝他飞来的球路时，从投手腿部移动的方式到他出球的手部动作，他能在脑海中看到这一切，看到各种不同球路（和不同的投手）：快球、变向球、滑行曲线球，甚至砸进土里的坏球。有时他会想象自己击出势大力沉的回球、跑过每个垒包、队友轻拍他的头盔这些场景；他也会想象自己在遇到坏球时该如何抉择；甚至有时他会想象自己被球路愚弄，结果球棒挥空——这样在真正遇到这种情况时，他就有了心理准备。

现在我们先从最基本的开始。最佳想象方式是仿佛一切都发生在自己眼前，这称为"关联视角"，而"非关联视角"则指的是想象自己在一场电影或一段视频集锦中观察自己。关联视角能让我们产生和预期场景联系更紧密的情绪和感受，不过非关联视角也比什么都不想要好得多。

然而这并不是说要去想象已经取得了巨大成功，拿下了所有奖项，因为我们的思维无法判断这是在预演生活中已经发生的事实抑或仅仅是脑海中的画面，所以在想象时构建合理且具体的细节非常重要。如果只是去想结果，比如在比赛结束后手捧奖杯的场景，对于实际比赛过程中该如何去做，其实没有任何实质性的帮助。当然这不代表这样想象完全没有用处，只不过并没有起到该有的效果。

想想我们为什么要做各种练习：做报告、弹钢琴和进行体育运动？这是因为重复练习会让大脑和身体形成固有模式，从而在实际中处在特定情况下时能做出相应反应。锻炼想象力也是同样的道理，只不过仅停留在心理层面，没有涉及身体而已。它为大脑绘制出一份蓝图，在脑海中构建出自己的最佳状态，同时也让身体有机会在实际操作时重现这种状态。如果我们在绘制蓝图时提供了更清晰准确的实用信息，那么大脑就能更高效地将信息反馈给身体，促使我们拿出最佳水平。

这个过程和我们在进行一些看似简单实则复杂的活动时，潜意识中运用的方法是一样的。比如说走路，人类出生不久之后都会开始学习怎样走路，但大多数人几乎从没认真思考过它，然而如果把成功迈出一步的所有肌肉运动、平衡和协调性拆解开来分析，恐怕会耗尽大脑的全部力量。对于所有成为日常习性的任何活动而言也同样如此，比如参加美国职业高尔夫巡回赛的高尔夫球员对于挥杆和棒球大联盟球员对于挥棒都早就习以为常，因为在他们脑中已经形成完成动作的固定习惯，以至于把它们变成了"第二天性"，就像走路那样。

而想象正是协助养成上述习惯的关键技能。

多年来我与很多来自拉丁美洲的棒球运动员合作过。我的西班牙语很流利，所以在和他们交流时，我能充分理解来自这些国家的孩子们要面对多么大的压力。他们力求获得大联盟球探的赏识，得到机会进入球员培养体系，而其中最优秀的球员最终将被输送到大联盟球队。

因为有数量庞大的球员想在人数相对较少的球探面前博取有限的关注，球员们总结出了一些关于怎样最大化利用机会的名言警句。比如我听说在多米尼加共和国人们会说："放弃不会让你离开这个岛国。"这指的是，如果球员想要向球探展示自己的击球技术，那么击球时根据来球质量选择是否出击这项大联盟球队非常看重的技术，会极为重要。

可是当极少数吸引了球探注意力的球员终于跻身小联盟，努力向知名俱乐部迈进时，通常会发生什么呢？突然间他们被要求要根据投手动作做出判断，如果来球质量不佳则要避免击球。这和他们的本能以及在整个职业生涯中所受的训练完全背道而驰。

一位从没有接受球路选择训练的球员得到这样的指令后该如何应对？如果需要亲眼看过无数次投球才能培养出选择模式，他可能年近三十岁时才有能力升入大联盟，但到了这个年纪，球员的前景就不会被看好；而如果他永远学不会这项技巧，恐怕升入大联盟的希望会变得微乎其微。

但如果这位球员学会如何想象，他就能随时随地在脑海中排演无数次挥棒动作，产生的良好效果和真正站上球场练习击球别无二致。这能让他迅速提高水平，相比于采用其他方法能更早获得大球队的青睐，可能轻轻松松就让其职业收入增加千万美元。

面对这种可能性，显然值得先花几分钟时间学习怎样以最佳方式进入想象状态。最理想的情况是找一个安静的地方，让自己可以在轻松状态下发挥想象，如果能让脑海中所有杂音都安静下来，就能显著增加接收大脑传递的所有信息的机会。对于我的很多棒球运动员客户来说，这意味着要在比赛开始前的几个小时，在俱乐部里找一个安静地方，戴上耳机彻底进入状态，想象着当晚比赛的投手会投出怎样的球以及自己成功回击的画面。职业冲浪选手莱尔德·汉密尔顿绝大多数"工作"时间都处在自然环境中，他具备排除身边种种干扰的能力。"自然界的某种能力能让思维仿佛暂时停止，让想象力发挥作用，"他告诉我，"我觉得处在能让大脑无拘无束自由运转的环境会很好，在这种情况下，我们能认真思考将要发生的事，眼前会浮现出将要出现的画面。我觉得大海——在浪花中驰骋，本身就是一种冥想。"

当然了，你可能不会像莱尔德那样轻易就从加利福尼亚州的马里布海滩来到夏威夷的考艾岛感受太平洋的魅力，但你可以找到属于自己的寂静之地。如果你要为一个至关重要的销售电话做准备，也许可以在进入办公楼之前在停车场稍等片刻，坐在汽车驾驶座上仔细思考，想象这次会谈会怎样开展，也可以在附近公园或是绿地散散步，静静地呼吸一些新鲜空气。

如果你从未进行过想象练习，那么无论练习多久都会有很好的效果，不过若是练得越多且越持久，从中获得的益处也会越来越多。

职业运动界中那些最顶尖的运动员能做到仅凭想象就真正体会到出球瞬间的手感，或是脚下所踩的垒包的触感，他们能深切感受到成功的喜悦，并且在每次想象时尽可能详尽地加入细节。他们经常告诉我，在参加最重量级的比赛时，比如季后赛，他们会为脑海中的场景和实际发生的现实之间惊人的相似度感到异常震惊。而因为已经"预演"过这一刻，所以他们在比赛中更加游刃有余。

目标VS结果

运用想象力最常见的一个误区是太过注重权衡目标和结果，或者换句话说，太过注重"DOT"中的"O"（结果）而不是"D"（行动）和"T"（思考）。我的很多顶级运动员客户在向我求助时已经在使用想象技巧，但他们的做法对于发挥出最佳水平起到的协助效果并不算最好，因为他们没有改善想象方式。他们常常幻想自己大获成功、成为赛场上的英雄，却没有认真思考整个过程中如何击球、传球或者投出压哨好球。

若想让想象发挥强效，我们需要在其中搭建各种有助于练习的细节，在脑海中能看到所有已经掌握的身体动作，看到自己控制得当、镇静自若地运用这些动作。这就像做好了一系列记号，让身体下次能按照记号行动。这种心理训练的重点应当是如何通过肌肉运作来行动以及如何通过自我对话来**思考**。

在此有必要再次强调，想象应当起到积极作用，但这不是说只要去想怎么完成制胜一击就够了。要以相对松散却依然符合现实的方式来想象自己站在赛场上比赛或是登上讲台发表演讲的模样，比如棒球运动员偶尔会想象遭遇三振出局的情景，商人会想象做陈述时遇到提问刁钻的观众或者幻灯片出现技术故障，等等。我们都希望能拿出上佳表现，在遇到困难时依然能保持平静，做出正确决定，而在脑海中事先构思面对不太理想状况的应对方式便能让我们在真正遭遇它们时准备充分，从容不迫。

实际结果的确如此。

我们假设你即将进行一次陈述，这时你也许和所有遇到这种情况的人一样渴望同一件事：认真听讲且有欣赏力的听众。所以在为这次陈述做心理排演时，你需要想象自己会采用什么方法引起听众的注意力，比如思考自己的姿态和恰到好处的眼神接触，也可以饱含热情专注地把想要说的内容生动地演练一下。做这种心理练习时的思路越清晰，想象力对于整合技巧的帮助作用就会越强，因此在真正登台陈述时，你就能镇定自若地走上讲台。

　　澳大利亚职业网球女选手雷内·斯塔布斯（Rennae Stubbs）和她的女双搭档曾经数次在重大比赛以非常接近的比分落败，错过了首次夺取分量最重的冠军的机会。在这一系列失败之后，雷内决定采用想象技巧来减轻再次参加重大比赛时因为担心潜在"失败"而产生的焦虑。她对这段经历的描述非常引人入胜。

　　雷内激动地对我说："我有一个朋友也有同样性格：情绪高度紧张，大起大落。这位朋友让我试试提前设想参加双打决赛的情景。所以在比赛前几天，当我走向浴室时，我会想象自己真的走在比赛球场上，思考这会有什么感觉，仿佛在为真正的比赛进行排练。"仅从她的语气，我就能听出她非常享受运用想象力促成最佳表现的感觉。

　　美国职业橄榄球联赛后卫迈克·鲁滨逊（Mike Robinson）有着耀眼的职业生涯。在他为宾州州立大学效力期间，曾作为四分卫被评为十大联盟①2005年度最佳，同时他在场上也经常司职跑锋和接球手。后来他被旧金山49人队选入职业联赛，在场上既可担任四分卫也能当跑锋，后来原先的首发队员受伤，他便成了首发后卫。

　　很多橄榄球运动员对不断变换场上位置感到难以应对，然而鲁滨逊——十大联盟学术奖三度得主，在宾州大学读书期间获得了两个本科学位，他乐于接受这项挑战。他对我说："我每场比赛前都会想象可能发生的一切，每种情况、每个回合，我从不希望发生意料之外的事。很多人每周都会看比赛录像和比赛计划，但我想用好它，就要赛前在大脑中把比赛过一遍，然后到真正比赛

① 由美国十所著名大学组成的橄榄球大学比赛联盟。——译者注

时我就知道该怎么做怎么想，因为事先全都在脑海中做过也感受过了。这种事先练习和准备可以让我在一片混乱的赛场上保持冷静。计划已经做好，现在只需遵照行事。"

如何去做：想象技巧详细指南

如果你到健身房请私人教练来指导，对方会给你制订一个详细的锻炼计划，告诉你第一天要练五种不同动作来强化核心，第二天要练六种不同动作来加强下肢力量，以此类推。

想象力也能通过完全一样的方式来学习。

以下步骤会详尽地告诉大家如何训练自己的想象力。就算你这辈子从没有想象过任何事情也没关系，只要遵照这个步骤，你的想象力"肌肉"就会变得更强壮。

你可以将这个步骤安排到任何你想要提高表现的地方。一项运动、一次陈述、一场对话，甚至是初次约会，它都能让你的表现突飞猛进。不过请记住，这只是一种练习，就像仰卧推举和哑铃弯举一样，需要花时间锻炼才能把"肌肉"从松散变得强壮。

我正是采用以下步骤，帮助了很多新秀运动员加强身体天赋进而跃升至大联盟的，而现在他们已成为比赛中的核心球员。

1.闭上眼睛坐在一个安静地方；

2.做第4章提到的呼吸放松练习；

3.想象自己置身于实际场景中；

4.确保所有感官（视觉、触觉、听觉、嗅觉和味觉）都调动起来想象实际场景；

5.想象准备活动（可能在读完第7章后会更完善）；

6. 眼前出现所有真实场景；

7. 做出即将开始的准备姿势；

8. 说出积极的自我激励语句或是口号（参见第6章）；

9. 想象自己用最高效的方式做出动作；

10. 体会身体在做出这些动作时会有怎样的感觉；

11. 想象各种结果；

12. 体会总体积极且符合现实的结果；

13. 想象自己能用自我对话和镇定情绪来应对现场情况；

14. 睁开双眼时，试着体会这次练习中有哪些地方让你感到**愉悦**。

享受练习

试着想象一些和当前目标完全无关的经历或情况。你可以把它当作是一种放松身心、享受当下的途径，比如用本章学到的技巧在脑海中重现和朋友或家人出游的美好经历，或是想象自然美景，比如海洋、高山、沙漠、森林，等等。无论身在何处，这些都能让你享受片刻安宁。

6

自我对话：提升信心的钥匙

你也许听过这句话，又或者自己也说过：

"我的人生就是这样……"

这话通常出现在遭遇一系列坏运气或坏结果后，马上又一起坏事跟着发生时：航班取消了；一位重要客户在会议前退出，而且把业务转给了别人；春训即将结束前一周，一位运动员一如既往地从淋浴房走向更衣室，结果不幸滑倒摔断了腿。

"基本上我的人生就是这样。"他说。

假如你对自己说这句话（或者类似的话），你也许会觉得这只是遭遇一系列厄运之后灰心丧气的自然情绪反应。这的确是自然反应，但言辞不仅会带来消极结果，实际上也会增强对自己和未来的悲观消极情绪。

如果经常这么说，你会开始认为生活中自然而然会处处遭遇消极结果，这种悲观的生活态度恐怕会阻止你走向成功。

在我与客户谈话时，如果有人说了这样一句话，我会用一个简单的问题打断他们："到底什么是你的人生？"

起初他们会有些困惑，想我到底想听到什么答案。接着我会解释，我们每个人都有向自己诉说的"人生故事"，以此来弄明白各种人生经验。假如你是一位销售经理，在公司里有二十年破纪录的销售业绩，那么在遭到客户拒绝时，你的内心和情感反应恐怕和刚刚踏入职场的新人是有天壤之别的。

在运动界，像著名橄榄球四分卫汤姆·布雷迪（Tom Brady）这样的运动员在打季后赛时，脑海中浮现的"人生故事"必然与经验较少的菜鸟不同，正是这些来自内心的"旁白音轨"能让他在场上以截然不同的方式看待局面，出现失误时也能更快恢复。"可能是打得较差的一个回合，又或者遭到抢断、丢球之类，布雷迪就会来到场边说：'好了，我们来说说刚才那个回合。'"新英格兰爱国者队的主教练比尔·贝利奇克（Bill Belichick）说，"他会说：'这是我刚才看到的。这是刚才发生的。这个人做了什么，那个人做了什么，安全队员做了什么，这个中后卫刚才在这里。这是我刚才跑动时看到的。'回去翻看录像，会发现确实都是这样，他描述的事情有六七成基本就是赛场上的情况。"

这种实际进行中的人生故事叙述叫作"自我对话"，它是我们每个人几乎每天都在做的事情，是关于自己和生活中发生的一切事情的潜意识内心对话。信心以及展现最佳实力的能力都与自我对话的质量、频率和内容直接相关。如果仔细分析布雷迪的自我对话，其中缺少的一个关键部分就是消极自我评价。他没有斥责自己，仅仅是在寻找提升自我的方法，甚至发生错误时，也用中立或积极的自我对话来应对。这让他能直面艰难困苦。

　　简而言之，提高自我对话能力会让我们提高自信和自尊，而这两者将是提高心理表现的基石。毕竟没有人能永远保持完美。传奇棒球击球手戴夫·温菲尔德的话时常让我警醒："可以把水平下滑看作'调整时期'，它不过是'可接受的统计数据变动'。"现在这可是名人堂球员的至理名言！

　　在本章中，你将学到顶级运动员和商界人士练习自我对话，也就是创造更好的"人生故事"的方法，这能提高自信、乐观精神和心理素质。

　　当然，这并不是愚弄自己去相信一些虚假的事情，而是揭晓真正有积极影响且能提升信心的故事，它们虽然存在，但可能从未进入我们的视线。比如说，我的很多棒球运动员客户在进入大联盟的第一年，常常会感受到不断增加的痛苦。他们也许最初获得了一些成功，但后来球探报告流出，说下一轮巡回赛会更加艰难，如果水平跌落得足够深，哪怕是生来最自信的球员也会怀疑自己。这时我会问他们一些有意设计的问题来唤起曾经让他们一飞冲天的成功回忆，比如"我曾在三A联盟①打出过0.305的击球率"或"我可以随心所欲地投出快球"。

　　好好运用这些经历，球员便能重新构建更积极自信的内心独白。

　　这也是可以学习掌握的技巧。

　　很多与自我对话有关的理论是源自一种叫作"认知行为治疗"的心理疗法，它最初是为了治疗抑郁和焦虑而发展出来的。这种

---

① 美国职业棒球小联盟中的最高级别赛事。——译者注

治疗模式与运动心理学中某些指导方法和制订解决问题策略的方法非常类似。世界知名的认知行为心理学家大卫·巴洛博士（Dr. David Barlow）研制出一种关于改变应对焦虑的思考模式的方法，我在与运动员和商界人士合作时经常用到它。巴洛博士谈到过两种会导致消极自我认知或感受的常见思考误区：**妄下论断**和**夸大事实**。

在介绍合理应对这两种常见思考误区的方法之前，我们先来分析这些不适用的思考模式，看看它们是如何运作的。

妄下论断

我们在妄下论断时，往往仅凭一点点信息就评判自己、他人或周遭环境。然而"一燕不成夏"，意思是说，如果看到一只孤单的燕子朝北方飞去，恐怕还不能断言夏天已经来临，因为它也许只是迷路了，也许是逃出谁家的宠物，又或者是一位天才初中生做的机器鸟。假如我们看到这只鸟，认为这一点迹象便代表季节变换，实际上是在错误运用真实信息，把思维引入歧途。根据不完整或者有瑕疵的信息来片面评判我们和我们的表现，会损害自尊心，进而最终损害自信。

很多年前，我曾和一位非常成功的棒球投手合作，他当时还在小联盟，距离登上"舞台"还有一定距离。这位投手对运动心理学原理态度敏锐，在开始与我合作之前已经看了很多畅销心理书籍，甚至还看了一些网络课程，因此我们进展迅速，能用心理学来讨论针对他行为反应的合作方法。当时这位投手已经能主宰比赛，但他知道如果努力提高"心理控制"，就能让自己比当前状态更上一层楼。我们一起制订出一套高度精密的心理训练方法，他每天会练习两次——但比赛日除外，因为他觉得这会影响他以冷静专注的心态进入比赛的能力。

有天我看到他投了七局，都让对手无法得分。尽管在心理学中我们努力不去关注结果，但如果能与这一级别的运动员合作并看到所有心理训练的努力有所回报，还是会让人很高兴。每当他投球时，我脑海中的欢呼声都会越来越大，球迷们也紧张得无法在椅子上安心坐好。我们在下一章会更详细地讨论他在比赛前和比赛中用的方法。这些方法奏效了！打出一次无安打比赛[①]的可能性非常之大了。

但在第八局，情况开始出现转折。尽管这位投手的出球非常好，速度很快而且位置出色，但前两次击球手打出了腾空球（击打力度较弱的腾空球，落在一位内野手和一位外野手之间形成一垒安打——解读：走运），球被内野手接住，造成一垒安打。无安打比赛的可能性便不复存在。

这时，发生了以下情形。

作为一位运动心理学家，相比于运动员的肢体活动，有时我会更注重观察他们的面部表情。我会寻找表示他们没有在考虑自己或是没有觉得自己处在最佳状态的任何举动。如果是投手，我会担心看到他们在等待投球时踢着投手丘上的土，垂下双肩或低下头。但在这场比赛中，我注意到投手不停朝着场边休息区的某个人看过去，但我不知道他到底在看谁。

每次他看向场边休息区，情况就变得更糟。他开始投不出变向球，总是让球飞向他不想要的地方，很快他就两次保送对方上

[①] 整场棒球比赛不让对手打出一次安打得分，在职业比赛中非常罕见。——译者注

垒。球队经理走上投手丘，把他换下比赛，他沮丧地踢着土。他这一天从即将实现无安打比赛变成如此惨淡下场，看来是需要候补队员来帮球队挽回损失了。

在这样的表现之后，运动员肯定不想再和别人讨论这件事，然而作为工作的一部分，他必须面对一大群将麦克风伸向他面前的记者，他们坚持要他一次又一次地解释原因，并说明状态到底有多糟糕，所以他最不想做的必然是和我再分析一遍为什么会出现这种失败。但让我惊讶的是，当我在赛后走进更衣室，他直接朝我走了过来，更让我困惑的是，他走过来时还一直在笑。

"法代，你绝不会相信这个！"他说。

接下来这位投手向我展示了一个我前所未闻的妄下结论的绝佳例子。在那决定命运的一局里，他在等待投球时漫不经心地看向场边休息区，结果他注意到自己非常敬重的一位教练脸上流露出批评反对的表情，于是他情不自禁地反复看向这位教练，发现他的表情变得越来越不安。显然他觉得这位教练是对他的表现不满意，因此他开始怀疑自己的投球，这让他的注意力不再集中，无安打比赛也成了泡影。

比赛之后，投手去俱乐部找这位教练来讨论场上表现，可是到处都找不到他，十分钟之后，他终于找到正走出浴室的教练。

"七局没有送出安打，真的太棒了！第八局是怎么回事？"教练平静地问道。

"该死，教练，我不知道是怎么回事。我一直在看你，结果你看起来很生气，我猜那大概影响到我的情绪了。"

"你说我看起来很生气是什么意思？"

"我是说你一直这么来回踱步，而且脸上还有种看起来非常生气的表情。"

教练开始放声大笑，他说："我昨晚在飞机上吃了些布法罗鸡翅之后就一直不舒服，这场比赛前半程我一直在努力憋住不放出一个巨响的屁来！"

我想不出还有什么更生动的例子能证明妄下结论会带来消极影响了。在这个例子中，这位天赋禀异的棒球运动员完全处在最佳状态，他发挥出巅峰水平，而且自己也感觉不错，结果对教练的表情做出错误判断让他的信心一落千丈，因为他以为教练在生他的气。

其实他没想错，教练确实非常不开心，只不过这和他没什么关系。

妄下结论是导致大多数不完善的想法，包括恐惧、担忧和缺乏自信的罪魁祸首。请想想看，你上次在公共场合讲话或者参加约会时是如何思考面前的人的表情的，你是以积极、消极还是中立态度看待它的？你在得出结论时是否有足够的证据？

不过在你开始批判自己会妄下结论之前，首先需要明白的是，得出的结论哪怕有时候是错误的，那也是与人类进化有直接关联，因为人类这个物种数千年来的存活与它息息相关。当人类还是穴居人时，我们围坐在火堆旁边，如果听到一声疑似是剑齿虎发出的声响，这时直接跳到结论说那就是剑齿虎，会警示所有人抓起长矛或者远远跑开，只为以防万一。如果我们的祖先每次说"哦，那不过是风而已"，恐怕早就要被剑齿虎生吞了！

还需要更多证据吗？我们来更深入地讨论一下第1章中提到的关于谨慎乐观的例子。

假设你深夜正走在一个陌生城市的黑暗小巷里。如果你看到一位面容和善的老人推着有轮助行架朝你走来，这时你脑海中的快速反应与看到一个戴着滑雪面罩的肌肉男相比会有什么不同？

在我们的日常生活中，很少会遇到剑齿虎（或戴着滑雪面罩的肌肉男，谢天谢地），但我们的身体仍会认为出现了这些情况，所以需要多做些额外思考和努力才能把这些应激反应转化到正确方向上去。

如果别人没有回复你发过去的商业提案，不要妄下结论，以为对方讨厌它，也许他们在休病假或者还没有时间查看收件箱，又或者你的邮件被归到垃圾箱里去了；如果你进入青春期的孩子开始锁上自己的房门，不要妄自以为他们在隐藏什么坏事，比如吸毒或者和陌生人发送内容不合适的信息，其实更有可能他们只是想要些隐私而已；如果老板在你做陈述时中途离场，不要直接断定这是因为自己是个糟糕的演讲者，可能她提早离开是为了去接孩子或是预约了医生。

无论是在运动中还是在生活中，我们的目标都是正确看待世界并做出合理反应。如果能认清自己的位置，更多审视并改正错误，自我概念就会变得更强且更健康，反过来，我们的表现也就会越好。

但适应环境的积极思考并不意味着要忽视事实，或者告诉自己一切都不是真的。我曾和一位陷入长期低谷的棒球内野手合作，我隔着击球挡网和他聊了起来，问他我该如何帮助他。他说："医生，我知道你会怎么做，我已经做过了。我每次上场击球时都告诉自己，我要打出一记轰动全场的球（本垒打）。"

我必须和他解释，适当自我对话并不仅仅是要保持乐观，没有证据能确保他下一球将会打出本垒打，高尔夫球手罗里·麦克罗伊（Rory McIlroy）不会每次走上球道时都告诉自己，他会每一球都入洞，网球选手塞雷娜·威廉姆斯也不会指望自己每次发球都是直接得分。如果棒球运动员告诉自己，这一球肯定会是打出球场的本垒打，他就会冒着如果击球出界就无法实现诺言从而失望甚至挫败信心的风险。自我对话的关键是谨慎乐观，也就是说要建立在无可争辩的真实基础上。我和这位内野手想出了一句每次击球前说的话，与激励自己相反，他要对自己说，击球率"0.320、0.315或0.295"等等，这些都是在之前赛季取得的出色数据，用曾经的辉煌提醒自己，能让他更加放松，把注意力集中在当前比赛上，从而获得自信。积极自我对话常犯的一个关键错误便在于此，我们要根据可见的客观事实来练习自我激励，如果实际情况并非如此，那就不要说！注意到表现和能力中的积极之处是建立自信的基础，而不是捏造事实或者寄望于最佳表现。

说到自信，几乎没有其他职业运动能像在美国职业篮球联赛（NBA）中打后场更需要自信的了。阿尔文·威廉姆斯（Alvin Williams）在职业联赛中打了10个赛季，每个赛季82场比赛都让人筋疲力尽，难免会出现失败和低谷。阿尔文告诉我，当他在一场艰苦比赛后觉得信心出现动摇时，他会提醒自己，整整一场比赛手感冰凉或者教练做出消极评价，并不能因此认定他不过如此。"我会告诉自己：'阿尔，你知道你足够好。'或者我会想起所有那些以前和我一起打球的队友，他们已经不在联赛里了，但我还在。"在此阿尔文向我们展示了什么叫谨慎乐观。他的大脑会接受这个自述："你足够好"，证据便是相比于其他很多人，他依然坚持了下来。你也能找到让自我对话变得客观真实的证据。

调整：你的自我对话有多客观和乐观？

在确定专属口号之前，最好先评估目前自我对话的客观和乐观程度。假设你正在发挥能力，想象一下当你努力克服挑战时会对自己说些什么。如果这样无法让你轻易想出对自己要说的话，那么想象你遇到了挑战，然后像解说运动比赛那样把它描述出来。现在回答下列问题：

以0到10为评判标准，0代表非常消极或悲观，10代表最大限度的乐观，你的自我对话有多乐观呢？

有什么证据能支持你对自己或自己表现的评价？

如果你第一个问题得分低于5分，说明你思考问题时可能不够乐观。相似的是，如果你不能说出评判自己的依据，你看待自己的态度恐怕也不是很客观。

不过别担心！在本章末尾，我们会回到确定口号上来，只需一段简短的话就能帮助你把思绪变得积极客观，尽可能地产生良好效果。

遭遇欠佳结果时的自我对话方式会影响我们重拾信心的速度。传奇冲浪选手莱尔德·汉密尔顿处在一个如果在大浪间出现丝毫差错就可能造成致命后果的世界中，他根本没时间打击自己。"我脑海里在想什么？能预先做准备总是很好，但不要想着失败，因为那可能会成为必将实现的预言。"汉密尔顿告诉我，"有次一位女士问我：'嘿，莱尔德，你能教我冲浪吗？因为我真的很差劲……'我说：'我真的不能。跟我重复这句话：**我不差劲。我不差劲。我不差劲。我不差劲。**这就是你的第一堂冲浪课。现在去尽情享受吧。'"

夸大事实

我的另一位客户是大学时期的橄榄球明星四分卫，刚刚加入职业橄榄球联赛，正在艰苦地适应职业联赛。他的一项优势是带球跑进能力，然而到了赛季的第四场比赛，这位新秀四分卫，我们叫他弗兰克（Frank），已经四次在第一节中遭到抱摔。毫无疑问，弗兰克会认为他遇到了问题，这种判断再正常不过，而且这个问题也必须要得到解决。

面对重要的消极信息，这时只是简单地去想"玻璃杯半满还是半空"并不会起到帮助作用。如果消极结论有事实依据，比如在上述例子里弗兰克难以在防守队员将他摔倒前把球传出去，那么注意力就要转移到通过练习、想象和其他我们讨论过的所有方法来提高能力这方面去。

然而第一次遭到抱摔之后，弗兰克或许会这么对自己说："又来了，我又会这样接到球，然后搞砸一切。就算我是大学里的明星球员又怎样？我显然不是登上大舞台的料。"

在认知行为治疗中，我们把这叫作水晶球预测思路[①]。为什么呢？在弗兰克这个例子中，他经历了一次抱摔，然后通过他那反常的水晶球看到未来充斥着失败，尽管一切都还没有发生。这让他变得越来越焦虑，出现的问题变得越来越糟，最终让他自己

---

① 水晶球在西方文化中常被视为与占卜未来有关。——译者注

一语成谶。心理上的焦虑让他在比赛中变得优柔寡断，犯下更多错误。

弗兰克需要的是学会如何正确看待一次失误，比如一个回合中的一次抱摔。一次不理想的结果并不总是意味着之后也会丢球、遭到训斥然后被裁掉。遭到抱摔、截击或棒球比赛中被三振出局无疑都是不理想的结果，但这些只是一场大型比赛中微小的部分，需要用正确方式去看待。

运动之外也同样如此。也许你已经为一次陈述准备了好几个星期，然而登台时却把开头讲得一团乱。也许有那么一两分钟你会觉得自己永远也做不好陈述了，下一次也一样会搞砸。正是这样的想法才会更有可能导致发生这种情况。用一些简单方法和技巧，就可以击败妄下论断和夸大事实这两种存在缺陷的思维方式。

想法和感受的区别

改善行动或思维方式的第一步是控制可控因素。回想一下我们在第一章中探讨的DOT：行动、结果和思考。我们能控制自己所做的事，但无法控制最终的结果，不过我们可以控制如何去思考这些结果。

简而言之，感受是可控的。感受便是结果。

而想法是可以练习和改变的。比如说，如果你的目标是变得更开心，我总不能只是告诉你："别伤心了，一切都会好的。"

我是说，我确实可以告诉你要开心一些，但我并不很确定这么做真的对你有帮助。然而我可以帮你找出是什么想法让你变得不开心，然后我们一起往好的方向改变。因此，根据情况改变思维方式的第一步便是区分想法和感受。

如果你在对自己说："我觉得我做得不好。"那真的是感受吗？

不！这只是一种想法，而这是可以控制的。认为自己做得不好会让你感觉不好，既然想法是可控的，那么为什么不去想想更积极的事呢？

在我的从业生涯中，我见过无数运动员在认清感受（比如悲伤、自责、恐惧）和想法不一样之后，开始改变想法，在走向成功的道路上见效卓著。一位体型庞大的著名职业橄榄球运动员，我们姑且叫他克林特（Clint），有次他把我办公室沙发的两个坐垫全都占满，然后经历了一次情感崩溃。他几乎哭了出来，说到一年前接受的手术，而现在又一次的受伤可能会让他终止漫长而战绩辉煌的职业生涯。

"我觉得球场上已经没有我的栖身之地了。"他说，从他沉重的语气中我能感受到他的失落。

"这话是一种想法还是一种感受？"我问道。

这是一个想法！我鼓励他仔细分析他的真实感受。我们一直分析到最深处，他说他感到绝望，于是我们又回来分析"没有栖身之地"这个想法。当我们评估这句话背后的真实情况时，他能够发现家人对自己的价值，而且实际上很多人曾向他提供过一些有意思的教练和行政职位。我们越是谈到这些新机会能为他带来些什么回报，主宰他的绝望感就变得越来越弱。

我们倾向于相信感受，假定无法对它做任何改变。这没错，感受即是结果。相反的是，我们需要改变想法和行动［DOT中的"D"（行动）和"T"（想法）］，这样才能改变感受（即情感结果）。无论在运动中还是在生活中都是如此，实现更好结果的关键是开始将想法和感受区分开来。

形容感受的都是一些表示情绪的词：伤心、愤怒、悲痛、绝望、喜悦、骄傲、兴奋。想法是环境、人和事物的意义或我们对它们的观察结果。要想避免妄下结论或夸大结果，我们要学会在开始思考"我觉得我做得不好"时立刻停下，判断这句话是真实情况，还是说只是泛泛而论或是过度简化事实。

是敌是友？

一位奥运会长跑选手，我们姑且叫她琼（Joan），因为伤病转项到短跑接力，她心存怀疑以至彻底崩溃。她怀疑自己跑得不够快，怀疑自己是否能得到其他接力队友的尊重，也担心她是否具有和队友合作的能力，因为之前她的所有经验和成功都是建立在个人努力之上的。

在第一次真正训练前，也就是在参加一场比赛前，她已经开始说服自己她一定会（这是她的原话）是个糟糕的接力选手。

如果你对自己的表现感觉不好，这时要做的第一步就是审视想法：是什么想法让你有这种不好的感受？是什么真正让你觉得自己会是一个糟糕的演员、运动员、家长、雇员或企业家？

接下来是尝试和自己争论，指出你在得出结论的过程中存在的缺陷。想想看你的朋友会如何看待你的思想过程，不要只是随便挑一个朋友，而要想到那个确定是最支持你和你工作的人，最诚实、聪明和积极的人，假如你对他们说"我太差劲了"，他们会怎么回应？

毫无疑问，他们会表示反对。想想看，他们会指出什么事实来说明实际上你一点也不差，想想看他们到底都会说些什么。

　　在琼这个例子中，她努力找到证据证明她有冲刺能力，而且在她的马拉松生涯之外也有出色的团队合作能力。我问她，教练和家人会如何看待她对自己的消极看法，琼是如此入戏，她甚至模仿她丈夫的南方口音，用他的嗓音说她已经多次靠最后时刻的表现赢下马拉松比赛，而且她作为当地家庭教师协会的会长，不仅多次招待了一大批难以对付的家长，也参加了一个帮助弱势群体年轻人的基金会。

　　尽管克林特和琼多年来都在各自领域取得出色成绩，他们仍会受到你我所面临的同样问题的困扰。如果你对自己的表现感觉糟糕，那么你很有可能正在受到我称之为"内在敌人"的控制：脑海中有一个批判自我的响亮声音，直接得出结论，将你击倒。如果深深陷入内在敌人之中，会把你拖进消极情绪的恶性循环：你表现糟糕，然后内在敌人说你实在太差劲，这会影响心态，于是下一次再度表现糟糕。

　　然而从根本上来说，你是有能力控制自己对这些想法的回应的。

　　你可以决定是要听从内在敌人还是内在朋友的话。这场内在对话的适应性越强，你的"内在看法"就会变得越健康。

　　你的反击方法可以是和这位最支持自己的朋友来一场内在对话，它会向你指出事实——真正的证据，来证明内在敌人是错的。

　　以下便是一个详细的例子。

　　我曾和一位棒球大联盟击球手合作，他在五局比赛中打了20次球，却没有一次打出好球。如果你在电视转播中看到他，你会清楚地看到，每次不成功的出手，都会让他变得沮丧，他用球棒敲打自己的手，垂头丧气地走回场边休息区。他体内积累了大量愤怒与怨恨，要和处在这种情绪下的球员对话，就一定要找准时机才行。我发现发短信成了定期交流的绝佳选择，尤其是在对方是位年轻球员时。以下是我们的往来短信内容。

"这局很艰难啊，兄弟。"

"可不是嘛。"

"先不说结果，你最后一次击球前在想什么？"

"我最后一球打得非常用力，直接朝着接球手去了。"

"有多用力？"

"哈哈……他估计会去训练室里给手按摩吧。"

"肯定的。为什么你当时看上去那么苦恼？"

"就是有那么一下子会苦恼，都会过去的。我会像你说的那样保持积极。"

"是……你会怎么做呢？"

"你倒是来告诉我啊，医生！"

"你走上投手丘时对自己说了什么？"

"说实话，我在说：'又来了……拜托别这样。'"

"是……那你打得好的时候会对自己说什么？"

"其实没说什么……我意思是，我在说：'我最厉害！'哈哈。"

"没错！我知道你这话是半开玩笑的，但这说得没错……为什么你最厉害？"

"我只是胡说的，医生……"

"不……说真的，是什么让你最厉害？"

"你这话是认真的？"

"是，这次我是认真的……"

"他们说我打出的球速度快得令人发指……我出球力度很大，我在（大联盟）场上能打出四击三中，所以我知道我能做到。"

"你说得没错，你我都知道你可以做到，但你要在上场击球前提醒自己这一点。如果你心里只想着刚刚发生的事，而不是以前取得的成绩，那你是不会表现出最佳水平的。"

"你说得对。我知道我能来这里是有原因的。"

"当然，你可以拿那个外野手被你打伤的手打赌！"

这次短信交流的结果是，这位球员改变了自我对话内容，从"又来了"变成"我知道我来这里是有原因的"这句口号。这句话和他自己所知的一切证据相符，能证明他如何以及为何会最终取得成功，而正是这种内在心理让他调整好上场击球时的状态。

从那之后，每次要上场时，他都会在从场边走上击球区的路上对自己说："来这里是有原因的"。每当他错过一球时，他也会走出击球区对自己重复这句口号。这么做的结果便是在长期低迷之后，他打出了大量本垒打和一垒安打。如果和自己进行内在对话并确定一个我称为"口号"的固定语句，就能让你显著提高自己的内在心理，从而尽可能地发挥出最强大的能力。

口号

我曾有幸与少数已经达到或是接近达到戏剧领域最顶端，即赢得奥斯卡奖的演员合作。获得这个无价的金色奖座本身其实并不是个富有成效的目标，因为这是一个结果而不是过程。演员如果专注于能力范围之内的事，赢得奥斯卡奖的可能性会更高，比如排练的质量和纪律、挑选好角色，以及可能是最为重要的一点：建立自信。

就像职业运动员一样，演员也有教练和经纪人，他们可以协助演员发展演艺事业和做出最佳职业选择，而提高演员的自信就是我的职责所在。你也许会觉得惊讶，但的确有些你在荧幕上见到的最出色的演员也经历过信心问题的严重困扰。

其中之一是一位非常知名的女演员，我和她合作了大半年时间，我们姑且叫她伊丽莎白（Elizabeth），简称利兹（Liz）。利兹来找我的时候她刚完成一部备受瞩目的长片，也正在与相处五年的男友经历一场同样备受瞩目而且感情上备受煎熬的分手。不出两次见面，利兹就接受了要专注于工作而不是结果的概念，她没有去想因为最近的影片得到奥斯卡提名，或是前男友的所作所为可能会对她带来什么伤害，而是专注于她该怎样做些不同的事情，用更积极适应的态度来看待生命中的人和事。

在一个下着雨的周三下午，她走进了我位于纽约的办公室，高跟鞋让她看起来比我高上好几英寸，顺便说一下我身高有6英尺1英寸（约1.85米）。她重重地坐在我的沙发上，把她的超大太阳镜当作发带，推开金色挑染的头发，这样她才能更好地看着我。我们彼此没有客套，直入主题。

"你能相信那个妓女居然赢下了奥斯卡……我得到的只是登上了所有'红毯最佳穿着'节目……我的人生就是这样！我想要那该死的奥斯卡。"她说。

"没错！"

"没错？！你今天就只跟我说这个，法代？"

"其实我抽屉里就有座奥斯卡，你等着，我去给你拿。"我说。我们都笑了。

"哦，我知道了，D-O-T，"她说，"这和我的感受无关，我要做的和我的想法才会帮我得到奥斯卡，对吧？"

"听起来你想要开始修改我们的计划了。"

"天呐！医生要派上用场了！"

利兹和我继续谈到她害怕不能因为上一部电影里自己认定的大师级表演获得奥斯卡奖提名。当我问她最害怕的是什么时，一开始她不能明确指出来，但随着谈话的进行，我引导她明确找出为什么她会为无法获得提名而饱受困扰。等到谈话结束时她得出了真正答案：她因为无法获得奥斯卡提名而恐惧的主要原因是，那会让她觉得自己"是个糟糕的演员"。

当我和她讲到敌友概念时，就像大多数人一样，她立刻做出了回应，她意识到每天大多数时间她都在内心里批评自己。她告诉我她在脑海中会对自己说一些消极的话，并且这些话相对于生活中的真实情况而言"可能毫无依据"。

她迫切想要开始练习，她问我："那我的朋友会说些什么？"

我告诉她，尽管我乐意以朋友身份发声，但更有效的方法还是由她来找出自己的内在"朋友"——一个在一周168小时中的其他167个没有与我见面的小时里运用的内心声音。我和所有客户（包括读者你）合作的目标都不是成为帮助他们更积极乐观地看待自我的那个声音，而是教会他们如何以最佳方式思考和行动，以此引领他们走向巅峰，更好地享受生活。这种调整就像去健身房，如果你每周去一次，甚至和私人教练见面交流，就会有积极效果，但重点在于你要一直练习从和专家相处的一个小时里学到的锻炼技巧。心理调整也是如此，越是练习如何适应性思考，越能做出更多改变，从而变得越发自信，并且准备好发挥实力。

于是我让利兹回到对奥斯卡的糟糕感受上来，让她重新描述让她感觉糟糕的想法是什么。

"我只是觉得我是个糟糕的演员。"

"啊！"我说，"这是一种感受吗？"

"不是。你说得对，我猜这是一种想法。"

"没错，这是一种想法。那么你最亲近的朋友、最聪明的伙伴会怎样看待你是个糟糕的演员这个想法呢？"

"哦，"她立刻说道，"她会说没有人能做到我正在做的事。"

我让利兹具体说明，她能明确说出她的舞台、电影和电视表演被很多人视为富有创新性，值得评论界的注意。

等到利兹弄明白她已经达到演技巅峰的所有"友善"原因之后，我让她想出一句简短的话，即一句口号，她可以用来告诉自己，或者叫自我对话，让自己回想起这种基于事实来积极看待自我的适应性思维。她想到的口号受到了朋友评论的启发："我要做得不同。"之后，无论何时她觉得伤心、因为奥斯卡奖的事情失望或者遇到任何挑战信心的事情时，都会对自己重复这句口号。

自我对话也从另一方面帮助到利兹，那就是让她调整自我，学会享受。她多年来一直专注于取得的结果，她说自己脑海中想到的一切都是关于那个小金人，还有她将会获得的各种奖杯，而这样过度关注结果让她无法体会到当前过程中的乐趣。我们开始了每周一次的面谈，看看她是如何以及为何享受排练和舞台表演过程的。利兹开始养成每天工作结束后自问的习惯："过程之中我最享受的是什么？"最开始她在某些创意工作领域中难以找到乐趣，但到了后来，她甚至无须通过提问来提醒自己，到了每次拍摄结束或是走回化妆室的路上，她只需对自己说："我喜欢那场表演中的……"这种"乐趣自我对话"效果显著，帮助她专注于过程，发挥出最佳演技，从而提高了她最终实现梦想的可能性。

前世界拳击联合会（WBA）超次中量级冠军尤里·福尔曼曾向我细致讲解过他的口号：

> 走上拳击场的时候你会很激动，也会害怕，因为将要发生的事是未知的，也是你自己无法控制的。我努力去彻底打消消极情绪。拳击训练的核心就是不断重复，要不停地出拳和打出动作组合，就得重复口号来让自己保持坚强意志。当我为一场比赛做准备时，我会使用一些特定语句，我相信这些话能帮我准备好战斗，比如"我训练得很辛苦""我已经努力过了""我准备好了""无论发生什么，我都能应对""宇宙会保护我"。重复这些话让我保持信心，准备充分。

我从运动员那里听说的另一个非常有效的口号出自退役网球女选手雷内·斯塔布斯，她是一位高大敏捷、网前技术非常棒的球员，但她有时在面对出色双打选手时仍会对自己产生怀疑。不过她告诉我，她的口号"做你该做的事"会让她记起她才是拥有可怕网前技术的选手，以她的能力，理应站上赛场。"无论是在球场上还是在生活中，归根结底是要知道你自己擅长什么，"斯塔布斯说，"不要让'不能做什么'这种想法阻碍你做到本来能够做到的事情。"雷内这句口号的强大之处在于它的乐观是基于客观事实的。这句话并没有说她肯定会获得第一或者戏剧性地取得胜利，而是说要简单专注且有事实依据。她有能力，也曾经发挥出来过，所以她的自我对话仅仅是提醒她自己具有这些能力，让她对此怀有信心。

口号可以被视为一个能积极改变情况的工具。也许它涉及你身为家长的价值："我对孩子付出了这辈子前所未有的努力。"或者针对你工作上的不安全感："我认为自己富有责任心和创造力。"又或者例如那位棒球投手对自己念叨的击球率："0.315。"口号，或者叫作有数据支持的短小积极的自我评价，就像是一支笔，你可以用它划掉并重写那些对自己和环境的消极看法。利兹用到了前文提到的口号，她和其他与我合作的无数运动员及演员一样，学会了如何在脑海中修改重构他们的"人生故事"。看似如此简单直白的方法却能对改善人生产生如此巨大的作用，这着实令人惊讶。

以下是与我共事的各行各业人士的一些口号，可以帮助你了解口号的模式：

执法人员："专注带来荣誉。"

演员："百老汇欢迎我。"

家长："认真倾听造就好的结果。"

冰球运动员："冷静下来。毫不留情。"

首席执行官："我的能力来源于努力。"

篮球运动员："从最基础开始。"

博士研究生："我会尽我所能，因为这就是我能做的。"

本书作者："享受当下。"

所谓 "吸引法则"

还请你注意的是，不要把个人激励口号和吸引法则弄混，后者恐怕是众多志在帮你立刻改变人生的励志书籍中最流行的一种观点了。这个观点基本上是在说，如果把思维模式转向积极想法或结果，那么就会提高实现目标的可能性。采用类似观点的一本畅销书和典型例子是拿破仑·希尔（Napoleon Hill）所写的《思考致富》①，另一本畅销书及其改编电影《吸引定律》②也宣传了这一理念。

显然，这听起来很不错。

不过，你真的认为如果信念足够坚定，自己就能过上充满成功与财富的生活，就能让它真正实现？

这是个很吸引人的观点，也因此卖出了不少励志书籍，但这个观点存在一些严重问题：仅仅是对未来毫无根据地积极思考，和最终结果之间是没有直接联系的。

不，仅凭天天想着自己会变得富有不会让你发财，不过在从运动到积累财富的所有领域中，确实有人采用了这所谓的吸引法则。我曾有一位客户是职业篮球运动员，我们姑且叫他吉米（Jimmy），有时他会猛烈抨击自己是个糟糕的罚篮手。其实他不是。我们一起分析过，证据显示他的能力是在有同样出场时间的球员的平均水平之上。但第一次罚篮罚丢之后他会对自己说："我的罚篮糟糕透顶。"可以预见的是，他第二次罚篮也会罚丢。

他的表现会下滑其实毫不稀奇，因为脑海中的消极想法会影

---

① *Think and Grow Rich*，拿破仑·希尔 1937 年出版的书籍。——译者注
② *The Secret*，澳大利亚作家朗达·拜恩（Rhonda Byrne）2006 年出版的书籍，同年发行了同名纪录片。——译者注

响到行动。吉米告诉自己肯定会失败，自然就会减弱专注力，心跳加快，进而表现不好。如果改变自我对话的内容，则会改变行动方式，也能因此改变结果。后来吉米能够反抗这些消极想法，换了一个积极的口号"就是这一投"，从而改变了每次罚球的方式，也因此改变了最终结果。

这个概念可以运用到所有在日常生活中遇到的问题和挑战上。每当我和妻子开车回到位于纽约的家中时，我们都会玩一个"吸引法则停车游戏"。因为我们住在城区里，很难找到停车位，于是我们会想象存在一个停车位，假定我们可以找到它。光是这么想能神奇地创造出一个停车位吗？不，当然不能！

不过还请你这样想：**因为有了这个假设，我们的行为发生了变化。**我们看到每个细小角落时都会觉得它大概容得下我们的车，而不是认为根本停不进去，看到每个旁边有消防栓的空位都会觉得间隔空间足够停车了，而不是认为离得太近。如果附近的剧院在举行大型活动，我们认为能找到停车位的乐观心态也不会受到它的影响，相反，这让我们情绪高涨，哪怕我们不停开着车绕圈找车位。我们回到家时并不觉得疲惫，还能以同样的好心情和孩子们打招呼，孩子们也会被我们的情绪感染，更快活地上床睡觉。我们都睡得很好，第二天一早我便能精神抖擞地开始工作。从大大小小的方面来说，我相信这种乐观情绪造成的行为举止能帮助我们最终实现目标并改变人生，因为如果改变了我们的"人生故事"，行为也会随之改变，人生也是如此。

很多人告诉我，他们想要在工作或爱情中获得成功，如果运用"吸引法则"，坚信只是对自己说一些与之相关的积极话语就能实现目标是毫无帮助的。不过，相信自己会找到爱情或是会在工作中取得成功，会改变我们对待每次约会和工作机会的行为举止。如果相信走进的每间酒吧里或许都会有未来的人生伴侣，这种积极心态就会影响到我们的行为举止，因此也能增加找到心之所向的机会。

运动迷看到喜欢的运动员发挥出色时会觉得心生敬畏，而当他们表现欠佳时又会心生怀疑。运动员如何取得如此超乎人类极限的成就？为什么他们会错失看起来唾手可得的机会？答案就在于他们想法中的秘密。那些训练思维方式、掌握积极适应性的自我对话的运动员能从挫折中恢复，深入到自己能力的最深处去找回最佳水平。如果你运用本章中提到的概念，改变消极想法，并且坚持练习，你也能像他们一样。

最开始的过程一定是艰难的，要把内心声音从消极的敌人转变成最积极的朋友，这需要调整和练习，但改变带来的回报将会非常显著。内心声音能让运动员满怀信心地取得好成绩，也能让你有更好的机会在工作和生活中获得成功。

如何去做：创建你的口号

在我的从业生涯中，当我和一些运动员谈到创建一个口号的概念时，有时我会发现他们一开始会有些犹豫，以为我要么说些新潮抽象的俗气句子，要么说些沉重的科学理论给他们听。

其实创建一句口号并非如此，这是你有能力也应当由自己来完成的事，它会是一个你用在自己身上的一个平静简单的想法，好让你的内心独自变得积极、**精确**。

一句好的口号应当短小精悍、意有所指，而且最重要的是，要明确具体。

　　假如你的目标是改善对子女的养育方法并打消其中的消极想法，这时将"我是一个好爸爸"当作口号并不会有什么帮助，一定要有非常详细准确的内容："我是一个好爸爸，因为我决定每周至少两个晚上帮女儿们上床睡觉。"换作在运动界，一位棒球击球手不能只对自己说"我是最佳击球手"，这句话应该像是这样："我去年的击球率达到0.305，我理应站在这里。"这些较长的句子可以缩短至更简便的程度，比如家长可以说"每天坚持"，而棒球运动员可以说"理应在此"。

　　口号不像文身，它的美妙之处在于口号不是永久性的，你能够也应当定期改变它，确保它符合你当前的状态，而且首次做这个练习时一定要多尝试几个不同口号。一个好的口号不仅要反映出你的真实情况，也要让你觉得是真实的，这样在和消极想法对抗时，你不会因为口号和口号背后的终极真相有出入而分心。如果你对自己说"我是北美洲最出色的女销售"，但你自己知道实情并非如此，那么这句口号就毫无益处，效果远远不及"我比部门其他人都做得更好，没有客户会缺少任何信息"。

　　以下是一些能帮助你创建自己的口号的问题：

　　是什么品质让我有能力完成想要实现的目标？

　　什么证据或是事实能证明我在这一领域的能力？

　　我的密友、知己、家人、教练、导师和上司会对我在这一领域的能力作何评价？

　　什么语句能描述前几个问题提到的这些能力？

　　现在来测测你自己。以百分比为评价标准，你觉得你有多相信刚才写下的这句话？如果低于75%，那么试试看能不能把口号改得更贴近事实一些，想出一些无可争辩的理由，来证明你在这个试图提高的领域中的能力或技巧。把你完善之后的口号写在下面：

把口号变成每次表现之前、之中和之后的习惯中的一部分，这会强化它的效果，在下一章讲到习惯时还请记住这一点。你可以每天醒来时和上床睡觉时都说一遍口号，来加强它的作用，把口号贴在自己能看到的地方也会产生同样效果。很多运动员把口号设成手机屏保、电脑桌面或者贴在浴室镜子上。我曾和一些企业高管合作，他们会把口号打印成幸运饼干大小，放在办公室电话上，或者放大打印贴在窗户上。无论在哪里看到它，都会提醒你去锻炼思维能力，用积极客观的方式看待事物。《生活是一场比赛》的一个通用口号是"坚持DOT"。在紧张时刻，这句话会帮助你专注于自己力所能及的因素。

我在与精英人士合作的第一次面谈中常常会问他们这样一个

问题："一天之中，你最重要的说话对象是谁？"他们几乎立刻会说是他们的妻子、丈夫、父母和孩子。我静默不言。他们困惑地看着我，几乎是在向我发问一样回答道："我的教练？""经纪人？""你！？"最后大多数人都明白了，答案是他们自己！你自己才是每天最重要的说话对象。你以自我陈述或者自我对话形式向自己传达的信息，会让你知道你对自己有什么感受，从而影响到你的表现。通过练习本章中讲到的技巧，你将会在脑海中与自己展开更健康、更有成效的对话，并发挥出最佳水平。

享受练习

交换口号。向一位朋友或是同事讲解自我对话这个概念和一句口号，彼此描述你们对未来想做出什么改变。为你的朋友想出一句口号，让朋友也为你想一句。彼此分享口号，共同协作把它们变得更符合个性，更有效果。每周向朋友发个邮件，提醒对方的口号，让朋友也对你做同样的事。

7

预先做好取胜准备

你在寒冬中的一天早上醒来，冻得瑟瑟发抖，却不知道原因。你从床上爬起来，才意识到卧室窗户敞开了整晚。走向卫生间时，你看到自己还把其他一些窗户也打开了。你可以立刻关好窗户，但首先你要去卫生间，可是这做不到，因为马桶水溢了出来，把所有东西都淹了。你决定去健身房，在上班之前洗个澡，可你打开衣橱发现里面没有一件干净衣服。你正要拿起电话打给干洗店，却发现忘记充电了。突然你的胃一阵绞痛，让你想起来自从昨晚六点到现在都没吃过东西。然而当你打开通常塞得满满的冰箱时，却看到里面空空如也，只剩下孤零零一个正在腐烂的牛油果。看来只有开车去熟食店解决早饭了，可是走到门口去通常放车钥匙的碗里拿钥匙时，发现里面是空的。你看到钱包在桌子上（谢天谢地），可是打开之后却发现里面一分钱都没有！

这全都是一场噩梦而已吗？

我当然希望是这样！

上述场景不太可能在真实生活中出现，因为大多数人在生活中都会有一系列例行程序，我们都会形成一些近乎无意识的习惯性动作来处理日常生活中遇到的问题，把每天进行的所有事情转化为标准化程序。有些人养成了很好的习惯来应对日常事务，有些人也许在这方面会有点麻烦。但就算你认为自己有非常出色的每日计划，在处理日常事务和实现本书目标——在生活中发挥最佳表现时，你会发现两者之间还是存在巨大差异的。

无论你的终极目标是参加某项运动最高级别的比赛，是做一次能获得高额销售业绩的演讲，是发展一段重要的感情关系，还是其他任何事，当你想到它时，恐怕还没有一个充分具体的计划来让自己做好思想准备从而实现目标。我们中的大多数人一生都在练习如何为第二天做好准备：准备好第二天要穿的衣服；确保手头有足够生活一天的钱；冰箱里装好能吃几顿的食物；等等。但很少有人能做好一个正确计划，让自己通过改善心理状态来长期保持高水平发挥。

你可能没有一个精心设计且目标明确的精神习惯。

在本章中，我会向大家展示顶级运动员和商界精英是如何构想、养成并遵循精神习惯，让他们取得有别于常人的出色成就的。你可以在第一天就立刻把我们将要探讨的技巧囊括进你的行动计划中。

前世界拳击联合会（WBA）超次中量级冠军尤里·福尔曼曾和我讨论过习惯对于提升信心的重要性：

其实说到底，拳击是相当机械的。在健身房做准备，养成一种习惯，能够帮助我在拳击场上保持自信。如果我能坚持在健身房里的训练习惯，我就会更有信心。但一旦开始比赛，就是思想准备让身体发挥出训练效果的时候了。如果我知道自己准备好了，我的想法就会更积极。而就像生活中其他时候一样，合情合理地积极思考是让我在拳击场上取得佳绩的关键。如果想法是消极的，那就别抱怨会取得消极结果了。

什么是习惯？

我们在看顶级职业高尔夫球手、大联盟击球手、职业橄榄球四分卫或者其他运动精英的比赛时，可能会发现他们在比赛前和比赛中会有些常规"仪式"。职业高尔夫球选手贾森·戴（Jason Day）在每次击球前会有一系列极为精确的心理和身体习惯步骤，时间可以精确到秒。当他来到俱乐部后，步骤首先从他的球包开始，包括在心理和生理上为击球做好准备以及想象力部分。他深深沉浸在这个习惯步骤中，将绝大多数能让他焦虑分心、影响最佳状态的精神和情感因素摒弃在外，"静止不动"。

前美国职业橄榄球联赛球员迈克·鲁滨逊把他的早间习惯从球员生涯延续到职业橄榄球电视网的主持人生涯。他起床之后会立刻大声播放自己最喜欢的音乐，然后开始为一天做准备。"法代，我看着镜子，然后摆一个我称作是我的'超人姿势'，"迈克有次笑着对我说，"我仿佛心满意足到极点地站在那里，唱着歌，理清这一天的思绪。我每天早上都这么做。如果每天早上一睁眼就觉得低落或者这一天会很糟糕，那它怎么可能不会变得糟糕呢？"迈克也告诉我，他发现孩子们也模仿他，他的这个建立信心的习惯便因此传承下去。

　　职业橄榄球联赛四分卫佩顿·曼宁（Peyton Manning）因为赛前二十四小时的准备习惯而享有传奇声誉，这些习惯包括分析比赛录像、检查比赛用球，以及向他的接球手提问来确保他们明白将会发生什么。根据定义，习惯是一系列能让我们面对特定情况发挥出最佳水平的心理和生理行为。习惯的美妙和复杂之处在于，它可以包括任何具备两种关键作用之一的行为：例如一些身体动作，像我们在第4章讲到过的通过减缓呼吸频率来掌控焦虑情绪；或者是让我们改变看待事物的思维模式的方法，比如第6章中讲到的口号或是适应性自我对话。这两种方法都能让我们专注于重大时刻。无论是心理习惯还是生理习惯，它们都可以让我们觉得对周围事物更有控制力，也更能摒弃会影响表现的外界因素。

　　我们在上一章讲到过，教练经常会让选手"慢下来"或者"专心"，习惯便是通过让我们隔绝无关因素来实现这个目标的方法。如果反复培养某种习惯，直到变成无意识的条件反射，它就会让我们融入当下时刻，不受超出自己掌控能力之外的想法和结果的影响。设计合理的心理习惯，会有助于大联盟球员应对重大比赛时刻，同样也会让我们在演讲、表现或其他重要场合发挥出自身水平。

　　很多年前，我的一位棒球运动员客户告诉我，他经历了一局"黄金宽边帽"，即在一局中遭遇四次三振出局的极糟表现。我们通电话时完全没有什么寒暄，没有说"家人怎么样？"这类客套话。

　　"想法真是太他妈糟糕了。"他嘟哝着说。

　　听起来也许很粗鲁，但这正是我们在此要讨论的东西。

　　运动与表现心理学的总体目标之一，尤其是养成习惯的目标，是帮助我们学会如何不假思索地发挥出水平，或者更具体地说，让我们学会如何不被情绪和想法击垮。当然，这听上去很不错，然而具体是如何做到的？毕竟如果我告诉你不要想着一个装满钱的黑色公文包，当你听到这话时会作何感想？

别担心，想法是控制不住的，装满钱的公文包这个画面或许已经出现在你的脑海里了。实际上大多数人都受到一种自相矛盾且令人沮丧的持续现象困扰：如果告诉他们别去想某个东西，其实反而会让他们更多地想到它。对我们大多数人来说，不去想什么事情同样困难重重。打个比方来说，我们试图创造一个空白区域，但实际上是为干扰想法敞开了大门。

而专注于心理和生理行为习惯，会让我们的思维有一个非常清晰明确的任务，遵循这些习惯会让思维免遭干扰因素影响，不再难以取得佳绩。

那会是什么感觉？请大家尝试以下练习。

放下本书，让自己尽可能放松，选择能让自己彻底放松的方式，包括以前用过的任何方式来充分放松思维、身体和精神。加油！试一试吧……

现在思绪回来了吗？

如果你也像我和大多数人一样的话，可能会选择闭上眼睛、放松肌肉甚至是在沙发上平躺这些方法。有些人也许会更进一步，在脑海中再造一个从未体验或是梦到的放松情景，比如去海边。这些都是已经融入天性、在试图放松时会自然出现的条件反射。也许你甚至用到了从第4章学到的呼吸方法。

我们在养成自己的习惯时，会利用人类的固有行为反应来建立更详尽、稳定且可靠的放松反应模式，创造一个缜密的精神和情感计划，让自己能发挥出最佳水平。毫无疑问，我们的思维可以通过训练，在面对特定情况时产生有针对性的想法。如果能预先确定想法和行动，想出如何激发它们的方法，那么我们便走在了通向成功的路上。

此外就只剩下运用这些习惯了。这点也许是不言而喻的，但也需要强调一下，因为大多数人在计划养成习惯时，会草草对待这个步骤。然而如果没有做好养成习惯的前期准备，之后也没有运用它让它变得根深蒂固，我们也就无法从中真正获益。

你必须努力每次都运用习惯。

习惯VS迷信

在开始养成自己的专属习惯之前，我们先来区分一下有效习惯和迷信。很多年前，波士顿红袜队的三垒手韦德·博格斯（Wade Boggs）因为他的高击球率和严格遵守看似古怪的赛前准备程序而出名。据一手报道表示，他前往球场前首先会吃同一种鸡肉（据传到他职业生涯结束时，他妻子掌握了数十种鸡肉菜谱）；到球场之后，他会在击球位置打出正好150球，如果比赛时间是晚上8点，他会准时在下午5点27分开始练习；然后他会准时在晚上7点17分沿着球场边线做一些冲刺来训练呼吸。听起来也许很古怪，但博格斯这么做是在建立一种思维秩序，尽可能地去除心理变量，让他能把全部注意力集中在当前任务上。

网球女选手塞雷娜·威廉姆斯提到过，她在比赛前同样会做迷信一样的准备活动。2008年法国网球公开赛第三轮失利后，她在赛后采访中说的第一句话是她觉得"不在状态"，因为没有完成每次比赛前的例行习惯："我没有正确绑好鞋带，没有把洗澡拖鞋带到球场来，没带备用网球裙。所以我知道比赛结果会不好。"

博格斯和威廉姆斯使用这些迷信仪式是在运动心理学和心理训练成为竞技体育主流之前，那时运动员把迷信当作是能提高表现的原因，因为虔诚遵循这些仪式的确能够提高控制力和专注力，所以运动员会相信仪式本身，比如吃同样的事物、使用同样的活动模式，是决定性因素。

具有开创性的美国心理学家伯尔赫斯·弗雷德里克·斯金纳

（B. F. Skinner）于20世纪50年代和60年代在哈佛大学进行的研究奠定了人类行为学的主要基础，他的其中一项研究阐明了迷信能够提高表现这个概念：笼子里的鸽子会定期得到食物，但这和鸽子的表现无关，而鸽子却学会了把得到食物和它们当时的表现结合起来，所以尽管不会得到更多食物，鸽子仍会一直做同样的动作。

就此看来，我们和鸽子并没有什么不同。

我们都试图把行为和奖励联合起来，认为越是采用某种行为就能获得越多奖励。显然有些运动员的确从"迷信"行为中获益，只不过这些行为并非表现变好的根本原因。但现在我们的目标是养成一系列不仅能替代某些迷信行为、起到控制和抗焦虑作用的习惯，而且也要让这些习惯本身产生真正的效果。

我们以韦德·博格斯热衷吃鸡肉为例，他认为这么做有用，但实际上到底吃哪种鸡肉并不会直接影响到表现，况且要是他无法获得想吃的鸡肉该怎么办？一些运动员会通过呼吸方法来达到同样效果，这种习惯会更加有效，而且会对身心产生真正能够量化的好处。这也是个仪式，但它是能实实在在提高表现的仪式。

迷信一般不会对发挥带来消极影响，而往往有中性或是积极作用。然而有些迷信是会干扰真实水平的，一个著名例子就是科特迪瓦足球运动员科洛·图雷（Kolo Touré）。图雷有一个迷信，他坚信自己一定要是中场休息结束后最后一个上场的球员。一次比赛中他的队友因为受伤没有立刻上场，但图雷坚持等在他后面，结果迫使他的球队只好在缺少两名球员的情况下开始比赛。

不过这难道意味着塞雷娜·威廉姆斯要停止把浴室拖鞋带到球场吗？或是你需要停止在每次重大演讲时穿上幸运袜子吗？当

然不是，因为好的习惯可以结合迷信和"真正的"准备活动。

我们以瑞典著名跳高运动员斯特凡·霍尔姆（Stefan Holm）为例。他在备赛时总会阅读和下次比赛地点有关的资料，如果他知道自己要跳过225厘米的高度，他会确保事先读至少240页和比赛地点有关的资料，这样在他脑海里会有一个超过高度的数字。比赛前他会进行一系列更传统的准备活动，包括独处和想象即将到来的比赛。比赛期间他也会有一些迷信行为，比如只吃玉米片、只喝橙汁、洗两次澡以及用固定顺序收拾背包。他每次比赛都会穿同样的内衣，而且会虔诚地先穿右脚的袜子，然后先穿左脚的鞋。

霍尔姆有很多习惯都和迷信有关，不过他的重心放在了很多本书一直在探讨的准备技巧上，因此迷信部分（比如着装顺序、吃特定食物）并没有影响到"真正的"准备（比如预先考虑和比赛地点有关的信息、想象自己的表现等），后者才是真正影响比赛结果的因素，是影响结果的行为和想法（即 DOT 中的 D 和 T）。我们的目标便是养成融入日常生活中的身心习惯，这可以从根本上提高我们在关键场合中的表现，但和迷信的"魔法链接"毫无关联。

促成最佳表现的习惯范例

当我和来自商界的客户谈到习惯时，他们往往会问的第一件事是，源自棒球或其他运动的习惯和"普通人"在商界中所需的习惯是否足够相似？

换句话说，像是棒球这样的运动所需的特定技巧，对于商业活动或者其他场合来说会不会是一个不好的范例？以我的经验来看，答案是坚决的"不是"。你也许从本书书名《生活是一场比赛》便能体会到，我相信生活就是一系列比赛，每一天都像一次挥棒击球，都是一场有全新机会的比赛，是让我们活在当下、尽情享受、努力和自己竞争、每时每刻都展现出最好的自己的重要机会。我采用同样的方法，帮助医生养成好习惯来更好地完成手术，也帮助棒球内野手提高防守准确率。如果从字面意义上来看，他们都是在"表现"，虽然身为医生或是商人可能不必面对四万名观众，但这两种职业都需要用到一系列技巧和经验，通过复杂方式结合起来，从而产生最好的结果，而且都需要从业者以最佳的方式来思考。

也许你正在想这种养成习惯的具体方法对一位身价上亿的棒球运动员来说会管用，从而能让他们准备充分以面对即将到来的世界职业棒球大赛，但对于一个只需要解决日常商业问题的人来说，并不"值得"这么做。

我可以告诉你，我有幸和来自特定军事机构和执法部门训练团队的人士合作——这世界上没有其他任何职业的从事者会在工作中面对如此多的危险了。他们教会我很多心理学知识，以及在性命攸关时行事正确与否会产生什么后果。而当我和顶级运动员客户分享这些观点时，他们也会说同样的话：他们要做的只是击球而已，这和真实战场或是爬上云梯去救火无法相提并论。

在我看来，这只是程度问题。

能让海豹突击队发挥出最高水平的积极专注的习惯，也能让棒球运动员准备得更加充分，也同样能让你在一场会议中有最佳表现。无论是工作、娱乐还是在家里，更关注自己的想法以及如何控制想法产生的行为，能让我们在生活中做任何有意义的事情时更加投入，也更加成功。在进行复杂活动前先做好准备和计划，不仅能让我们更有机会取得成功，也更有机会在情况未及预期时掌控局面。

这在顶尖人士中是如何体现的呢？

很多运动员有一系列根据情况使用的习惯，通常在比赛前一天或是比赛当天会有一些例行习惯，然后在比赛马上要开始时也有一些特定习惯。美国职业篮球联赛退役选手约翰·阿米奇（John Amaechi）告诉我他的独特习惯，热身结束到比赛开始这段时间，他会坐在长椅上喝加了奶的茶（他是英国人），这让他以一种更有效的方式融入应对比赛的情绪状态，也能把注意力集中在让人冷静的事情上。

"我有一个习惯——可能因为我是英国人——是在比赛前喝茶，"约翰告诉我，"后来我的队友都知道我每次热身结束之后会坐在长椅上喝加了奶的茶。我这么做，是在所有人都开始探讨正念之前。我坐在那里，把自己和周围世界完全隔绝开来，我一边喝着茶，一边随着这种热饮把注意力转移到这一刻上，隔绝掉任何与即将发生的比赛有关的情绪。我记得有一次是对纽约的重要比赛，我太过注重可能发生的比赛结果，队友们注意到我坐在长椅上咬指甲，于是来问我为什么不像平常那样喝茶了。这让我意识到我的仪式不仅对我，也对他们产生了意义，成为一种代表一切都好的心理迹象，代表我们已经从准备比赛的压力中走了出来，准备好上场了。"

约翰进一步强调了习惯对于帮助我们专注于过程的重要作用："在职业联赛打篮球让我意识到自己只是个实力在平均水平的球员，我需要努力才能取得成功，这让我有时没有办法投入进去，不过我确实注重获得满足。觉得自己真正取得了进步，是让我满足的主要原因。无论是否上场打球或者在客观意义上取得成功，假如回顾我的表现，我可以说，我专注于这个过程并且在这方面发挥出色，正因如此，我对自己的表现感到非常满意。"

运动员在比赛进行中也有其他一些习惯，比如在篮球场上罚篮期间或在高尔夫球场上击出一球时。很多人在赛后也有一些协助新陈代谢、整合刚刚在赛场上经历的情绪和信息并用来为下一场比赛做准备的习惯。这些习惯中包含的元素会随着具体用在表现的什么阶段而变化，用于事前准备的习惯会与用于结束之后平静身心、集中精力的习惯有所不同。

举例来说，我有一位金融界客户为做销售拜访养成了一套运转得当的习惯，包括在拜访前调节呼吸、积极地进行自我对话；在会面时保持冷静、注重面部表情和姿态；在会面结束后，回顾自己的观察，确保这些习惯都是建立在事实基础上，并且自我对话内容仍然积极健康。

我的一位长期客户是名久经赛场的棒球投手，对他而言，习惯变成了他应对场上不利结果的关键。他一直是个非常冷静的人，即使在我们合作之前很久以来都是如此。后来有一天，在一次会谈时，他告诉我他是如何帮助年轻投手重复他的"急救分类"习惯的。"每当我打得不好或是打出界的时候，"他告诉我说，"我会从裁判或捕手那里拿到一个新球，我会集中注意力，一边在手套里转这个球，一边倒着背字母表。我用心去注意缝线的质感，这会帮助我正确呼吸、沉浸当下，于是能够将全部注意力都集中到下一球上。"

这便是任何习惯的一个重点目标：帮助我们在表现之前、之中和之后尽可能"变得正常"或"达到最佳状态"。我用了"变得正常"这种描述，是因为有很多表现是和调节紧张与激动程度有关的，它们并不完全是坏事，这可能与之前在电视上听到的说法相反。我们需要一定程度的紧张激动情绪来投入此时此刻，从而获得能量和动力来发挥出水平。

但如果处于衡量标准的某个极端，就会出现问题。如果太过紧张或太激动，我们就很容易变得过度焦虑，很容易因为大脑"过载"而做出糟糕的决定。处在另一个极端造成的问题同样严重：如果一点也不紧张激动，我们会显得精力不足、心不在焉或无精打采。这便是习惯的用武之地：帮助我们保持平衡，融入这些重大时刻。

具体用什么来构建自己的习惯取决于你，不过习惯的组合模式将会与本书很多章节标题类似，它会成为融合表现心理学不同部分的途径。

比如在讲述动机这一章中，我们确定了激励自己实现目标的能力价值，而事前准备习惯的一部分便和动机有关，可能是找一个安静的地方，带着音乐播放器和耳机听两三首体现内在动机精髓、让自己享受即将进行的活动的歌。对一位运动员来说，动机可能是感受到这是展现自己真正实力的机会，而一些特定歌曲恰能增强这种渴望表现自我的感受。

如果转换到日常进行的商业活动上，一位与我合作的销售人士在经历了一系列欠佳结果后找到了我，我们想出了一套事前和事后的习惯，让她把注意力集中在更积极的事情上：事前她会听一些音乐，重复提醒自己驱使她在公司销售的残酷环境下保持强势的动机是想要发挥自己的创造力，并为她的侄女树立一个好榜样；事后她能回顾参加过的每次会议，指出自己喜欢其中哪些部分；而无论最终结果如何，她也会写下每天的销售活动中觉得感激的事情，这能帮助她正确看待结果，还总会让她感激自己能拥有拼搏的机会；然后她会提醒自己哪些时刻发挥出了最佳水平，并努力在下次会议上更多地重复这些时刻。

我们在第4章探讨了掌控焦虑，而有些习惯的目的便是帮助我们用更适应的方法来掌控焦虑。一位交易员在股票交易所的一次紧张交易期间，或许会习惯性地重复与自己有关的自我陈述。有位与我合作过的交易员，他通常会做一次集中式呼吸（centering breath），然后重复"一次交易"口号，来提醒自己一次只专心完成一笔交易。将放松方法与自我对话这样结合起来是建立有效习惯的理想组合，能让他更专注当下，发挥出最佳水平。

无论是听某首特定歌曲、沉浸在手机上的某个游戏里，还是在打一个重要电话前做个伸展，这些习惯具体由什么组成，相比于保持习惯而言并不重要。你可以只是简单地做本书每章结尾处的"如何去做"练习，把它们分解成若干短小简单的部分，在特定时间运用它们。随着时间积累，保持这些习惯就会形成强效的固定反应，实实在在地改变你的思考和行动方式，让你更投入且专注地应对重要场合。

微小失败：重置习惯来减少犯错

在以帮助大家完善习惯养成模式的练习为本章作结之前，我们先来探讨一下在开始练习时最常出现的阻碍。通常最大的挫折是无法把这些例行程序变成一种习惯，从而在压力大的情况下会无法持续完成它。

在例行程序的基础上养成习惯与养成任何一种习惯一样，越是能把习惯融入日常生活，过程就会变得越容易。假如你要养成的习惯非常具体且消耗时间，那么没有一张卡片来提醒就会难以进行下去，相比于一些简单提示、想法或行动来说，会更难坚持。还要牢记的重要一点是，虽然保持定期习惯才会产生效果，但这并不是一场胜负分明的比赛，即使少用一次习惯，也不意味着就此失败，下次再用也无济于事。我会用棒球运动员看待守备率的态度去看待它：目标当然是不失误，但如果出现一次，也不代表要放弃接下来的所有击球，而是在面对它们时要努力避免任何失误！

观看任何高水平的运动赛事，都会看到运动员被迫放弃习惯的情况。橄榄球四分卫会被迫投出坏球；棒球击球手遭遇一两次失败之后会出现波动，错过本该打成的好球。哪怕已经养成最牢固习惯的顶级运动员仍会犯下错误，仍会灰心丧气，被压力击垮。完美是不可能实现的，所以在此我们的目标是创建一套体系和计划，获得达到巅峰状态的最佳机会。我们在本章早些时候曾提到过，网球运动员塞雷娜·威廉姆斯会因为她没有完成赛前例行程序而感到伤心。

那么要如何免于这类情况发生呢？或者如果遵循习惯，要如何防止在压力之下情况恶化呢？以那位要在销售会议上做陈述的客户为例，如果她做完陈述后，从一位听众那里得到不够理想的评价，对此产生消极情绪是非常自然的。

棒球是一项需要不断做出调整的运动，很多教练会说，最佳棒球选手知道如何将上一次失误、击球或出局抛在脑后，继续迎接下一次机会。旧金山巨人队球员马特·达菲（Matt Duffy）曾在网络杂志《球星看台》（Players Tribune）中写下非常有启发的一段话："我曾看到巴斯特（Buster）①在一次大赛上三振出局，他走回场边休息区，没有咒骂或扔东西，而是尽可能地保持冷静。我从中学到了很多，那就是遭遇失败和如何应对失败是大联盟比赛的一部分，而一位聪明的球员应当注重的是前期准备而不是最终结果。所以巴斯特接受自己这次微小的失败，把目光转向下一次击球。如果队中最棒的球员能做到，为什么我不能？"

这里达菲再次引出了我们的DOT模式，要专注于过程而不是结果，不过更重要的是，他提到了像巴斯特·波西这样的老手能迅速从一次微小的坏结果中走出。他称其为"微小失败"，我对其他运动员和精英客户用到的正是这种说法。一次微小失败是在过程中发生的一件小事，尽管它可能不够理想，但只要我们能够继续前进，回到原定计划上来，它并不意味着我们在比赛或是会议中被击败。

应对微小失败的一个最佳武器是比赛中（或者会议中、表演中、讨论中）的一套重置习惯。顾名思义，重置习惯就是一系列让我们冲淡微小失败的想法或行动，重置心情，回归正轨。肯·拉维扎（Ken Ravizza）是我的一位同事，也是运动心理学领域的先驱之一，他现在与大联盟的芝加哥小熊队合作，而他的著名举动是在俱乐部里放一个马桶，让棒球队员真正"冲走"他们的微小失败！

我与来自各行各业的很多人合作设计过有效的重置习惯。近期，我与一位在世界舞台与成年对手比赛的年轻国际象棋神童合作。如果对手的排名比他高，他往往会放松下来，精神集中；但如果本该由他主宰比赛，他有时却会犹豫起来，若在比赛初期犯下放弃一个卒这样的小棋子的错误，他尤其会如此。这类微小失

---

① 即后文提到的巴斯特·波西（Buster Posey），美国职业棒球大联盟旧金山巨人队的当家球星、捕手。——译者注

败会破坏专注力，让他频繁犯下一系列错误，最终造成失败。我们一起设计了一套在棋局中出现微小失败后进行的例行习惯：如果犯了一个错误，他会摘下眼镜，把眼睛闭上，做一个集中式呼吸（第4章提到过），然后重复一句用来让他在比赛中重置情绪的口号："专注我力所能及的事"或是"下一步棋"。这个重置习惯帮助他重回正轨，无论在比赛中遭遇什么微小障碍，他都能发挥出自己的最佳水平。当他几秒钟之后重新戴上眼镜时，他已经焕然一新，重回最初的心理状态，准备好再次取胜了。

如何去做：养成自己的习惯

在和棒球运动员谈到这一点时，我们会以倒序开始。我会问他们："你想让自己在走上投手丘时有什么感觉？"答案往往是："我想觉得放松，准备充分。"现在，我们可以通过习惯拥有让自己达到这种状态的最佳机会，以及，如果无法实现，哪些是最可能引发消极反应的因素？

在棒球界，一位投手可能会因为一位击球手而感到苦恼，他认为自己被后者"掌控"了。这表示这位击球手可能在他这里取得了不少生涯中的重大成功。如果这位击球手上场，投手就可能会丧失信心，开始控制球或者屈服，通过"把球投到击球手身边"（丢出场外）来从根本上避免这次对决。而更好的习惯则包括自我对话，提醒投手他本赛季可是登上了大联盟的球员，让他牢记赛前球队给击球手做出的球探报告："如果我把球投得较低较远，就能行的。如果他能很好地处理这一球，那我就摸一下帽子继续前进吧。"花时间练习之后，这段自我对话或许可以简化成"较低较远"或"就是这一球"。

你也许注意到了这两种自我对话中的一个重要部分是积极性，还有思维重构，让自己能接受情况并从中学习。我认为这就是"生活是一场比赛"这一理念的核心：学会发挥出最佳水平的方法，**与此同时**，无论结果如何都能享受过程。我们总在寻找变得谨慎乐观的方法，这和说"我们能赢"或"希望我们能赢"不同，在习惯和想法中保持谨慎乐观的核心在于注重观察自己表现出色的原因，越是将对自己的能力和有幸拥有才智与经验的观察结果融入到习惯中去，我们就越能发挥出最佳水平，进而更能证明我们的能力。

在运动界，前职业网球选手雷内·斯塔布斯应该是这一概念最生动的化身了。她是女子网球历史上最出色的双打选手之一，赢得了四次大满贯女双冠军和两次混双冠军，也为她的祖国澳大利亚四次征战奥运会。我在与雷内的所有谈话中发现，她对于如何将网球场上学到的知识运用到生活中去有独到的理解。她一直以来都意识到心理状态会如何影响网球水平。

斯塔布斯在生涯早期参加过一次女双半决赛，当时她因为觉得一位对手的举动不够诚实而感到愤怒。在比赛关键时刻，斯塔布斯完全因为愤怒而分心，试图用一次击球打中对面的女选手。她的队伍也因此输掉这场比赛，让她这次在大满贯上的宝贵机会以失败收场。

"乔纳森，"她停下思考了一会儿说，"我当时被自己的情绪控制住了，它不断增长，让我们输掉了比赛。"雷内告诉我，她在2001年和丽莎·雷蒙德（Lisa Raymond）合作，获得了女双世界冠军。"后来我们输了那一盘和那场比赛。结束之后，我对自己保证，我永远不会再让自己的情绪像那样失控了。那是我职业生涯的转折点，我学到了一个巨大教训，那就是一定要接受赛场上发生的所有积极和消极事物，然后说：'这样会有用，这样不会有用。'如果因为犯了一个错（我犯了一个大错）而自责，必须要以具有建设性的方法去对待。"习惯便是帮助我们克服任何影响最佳状态的或大或小的挑战。我们在第6章探讨过自我对话，而雷内告诉我，自我对话是她的习惯中的一个重要部分。现在我们就来养成一套你自己的习惯。

答案就在于你：让成功引导习惯

请你们回想自己表现出色的一个时刻，这可能是一次特定的对话、会议、演讲或运动比赛，你在其中"秒杀全场"。请在下方空白处写下你当时的感受。你在当时体会到了什么情绪和感受？

现在请回想你在那一时刻之前都做了什么，尝试把思绪集中到你做的那些有可行性和可控性的事情上，感受与发挥出最佳水平和沉浸当下直接和碰巧有关的行为或想法，比如事前、事中听了哪种音乐或产生了什么想法。试着远离这些经历中的迷信部分，比如你要穿什么衣服，除非衣服带来的身体感受会影响到信心或心理状态。请在下方列出你观察到的让自己达到巅峰状态的行为或想法：

接下来要做的是检查你的清单，增加从"掌控焦虑"和"动机"两章中学到的方法，让习惯变得更加稳固。你也可以回看并添加"自我对话"和"想象"两章中的有关方法。比如说，如果你注意到自己在放松时会取得佳绩，那就请你继续保持放松状态，并在下次行动前增加集中式呼吸练习；如果你注意到自己在表现好时想法会很积极，那就请你在习惯中增加更多自我对话口号，在状态好的时候重复它们，以增强效果。

养成事前、事中（重置）和事后习惯也会有帮助。当你回顾完本书所有章节之后，可以回到清单上来，列出最多三件在这三个阶段会做的事情，这些不同的想法或行动会让你精力集中，准备好战斗！

事前习惯：

1.

2.

3.

事中习惯：

1.

2.

3.

事后习惯：

1.

2.

3.

不断试验

棒球巨星小肯·格里菲（Ken Griffey Jr.）击打着球说："要想在生活中取得棒球赛中的成功，必须要做出调整。"如果要让习惯变得真正伟大，就一定要不断进化，试着增减其中的组成部分，直到找出最适用于自己的方法。听某一首歌是不是比其他方法更

能让你做好准备？某一种伸展运动是不是更能让你集中精神？早
一点到会场是不是会让你感觉更好？或者准时到场会让你精力更
充沛？习惯越是随着现今面临的挑战而进化，你就越能针对人群、
环境和其他情况来调整行为和想法（DOT中的D和T），进而越能
展现出最佳的自己，然后取得胜利！

享受练习

在专注于养成真正的习惯时稍事放松，尝试拥有一个看起来
幼稚、会让你大笑、让你有好心情或积极情绪的习惯。比方说，
告诉自己每次坐了十分钟后就站起来随着喜欢的音乐跳个舞，这
么做不仅能让你享受此时此刻，也能练习养成一个能让你享受一
点小乐趣的习惯。你可以挑战自己，去和同事、朋友或队友嬉闹。
我曾有一次在我女儿生日那天穿了一身猴子装到她的五年级教室
去，这（往好的方向）改变了我和全班小朋友的关系，一直到三
年后他们毕业，我都能和这些孩子们有趣互动。现在我恢复了这
个习惯，定期穿着猴子装去学校或者做些类似可笑的活动。试着
挑战自己的极限，改变习惯，去向一位陌生人问好，或朝平时不
怎么说话的人微笑。

总 结　取胜就在今日

无论是在四万五千名尖叫的粉丝面前比赛，还是在办公室里与一位潜在客户一对一对话，在生活中成功与失败都会存在，而在我看来，成功是主观的。一天或是一场比赛结束时，那些能回想起并知道自己全情投入到了生活中，尽最大可能努力展现出最佳自我的人，才是成功者。本书是我在运动与表现心理学领域从业十年的结晶，将生活看作比赛，与自己竞争，享受这场比赛中的每分每秒，正是我从中学到的知识。

你只需在每年棒球季后赛期间看一下电视转播，就能找到这种典型例子。2015年纽约大都会队在下半区表现强劲，之后以三比二的卓越表现击败洛杉矶道奇队，赢下分区系列赛，后来在国联冠军赛的四场比赛中横扫芝加哥小熊队，赢下锦标。接连赢下两个系列赛之后，大都会队球员沉浸在无数赞誉和喷洒的香槟之中，庆祝他们数以万计的准备训练、努力和压力带来的成功。

大都会队队长兼三垒手大卫·赖特（David Wright）是一位将生活当作运动的典型选手，他有着不折不扣的职业道德，与之匹配的是他的能力，以及对于这场他奉献终生的比赛的完全投入。在2015赛季结束时，大卫展现出了他享受整个过程的热情，这一年在很多方面来看都是一场艰苦战斗："当我回想这一年时，我会觉得这是我在棒球场上有过的最好时光……真的非常特别。"他后来描述这种愉悦对期望的影响："这一切经历让我备受鼓舞地去迎接2016赛季。"

能够充分体会并投入比赛中和生活中的所有部分，而不是从中逃离，是一种技巧。大都会队正是掌握了这种技巧，才赢下了2015赛季锦标。如果能从过程中获得愉悦，就会让我们过上更满足也更成功的生活。练习感受愉悦，能为即将到来的战斗做好准备，帮我们克服障碍。所以你也可以决定彻底融入进去，带着渴望进步的热情去练习，登上生活这个赛场。如果做到这一点，你便会一直取胜。

通往喜悦与成功之路

我不会读心，但我与精英运动员——还有读者你——的合作是为了帮你理解自己的想法与动机，想出优化思考和行动方式的正确计划。你们现在已经读完了《生活是一场比赛》这本书，那么你就和我遇到的客户有了同样的工具，这些工具不仅让他们赢下更多冠军，也让他们享受和拥抱过程，即便结果是取得第二名或是第七名。而如果无法投入进去，就算得了第一也未必感觉好。

但就像你念叨不停、推迟了两个月的房屋改造计划，手边有了工具只是创建解决方案的第一步。本章中我会告诉大家如何使用我们在前面七章中学到的技巧，运用它们来应对生活中的真正挑战。这是不是意味着学会之后，你就再也不会遭遇销售艰难的季度、一次失败的年度会议，或者那些所有人都会经历的磕磕绊绊呢？不。

不过在我完成工作之后，我的客户都能更好地应对挑战，他们既能在过程中控制自己的情绪和行为，也能摆正态度。

无论输赢，他们都表现得更好。

我与职业运动员和其他行业的精英人士相处时，能一起制订出长期计划，便通常是最成功的合作经历，而我这本《生活是一场比赛》的目标就是与你取得同样的成功。我可不希望这本书像很多"自我提高"的书籍那样，遭遇在书架上积灰的不幸命运。

我并不是想暗示其他励志书没有提供可靠信息，不能帮助你——它们可以。不过最佳向导是那些能提供一个最佳表现计划、整合先前所有理论的书。

这便是本章的作用。

这就是你专属的目标明确的练习计划。

目标明确的练习

这话是什么意思？

我已经经历过上千次棒球比赛第一球开始前的训练时段，看着击球手在几乎空无一人的球场练习击球动作，所以很容易就能看出击球手是否在整理情绪，只将一半心思放在动作上。也许他们在想着比赛结束后去哪里吃饭，或是前一晚遇见的那位美丽姑娘待会儿是否会出现在看台上，又或者他们是在细细品味击球教练提出的一些动作建议，为前一晚《体育中心》(SportsCenter)节目对他们做出的"状态下滑"或其他尖锐评论而激动。

这种情况不局限于顶级运动员。在你搭上去上班的汽车、火车或公交时，你在路上有多少次会心不在焉，抵达工作地点时对路上的一切没有真正记忆？或者有多少次你在看着孩子在游乐场上嬉戏时会变得浑然不觉，直到听见手机上社交媒体的提示音才会恢复意识？

真正的练习是不一样的。

全面投入地提高自己，需要用到比常人更多的能量和意志力，这就是为什么它叫作**目标明确的练习**，即是说它是你非常有意去做的事情。

在我超过十年的顶级运动员的指导生涯中，我见识到投入目标明确的练习要付出怎样的努力。我把它比作调亮手机屏幕亮度：如果我们能全情投入到练习中去，把注意力都放在将生活视为比赛上，一切就会变得更新鲜明亮，色彩更加鲜艳。只是读完本书或其他任何书中的所有章节，然后做个计划或是告诉自己，你"想要实现它"还不够，真正的能量和动力来自目标明确的练习，它取决于本书的两个核心概念：动机和乐趣（ME）。

我们在"动机"这一章中探讨过，如果没有认清完成目标的原因，会很难擅长理解为何以及如何去实现它。了解达到巅峰状态的深层动机，或者叫作"能力价值"，是真正发挥出自身最佳水平的必要因素。当你想到一个或几个能力价值时，到底是什么驱使你继续将生活视为比赛、真正将本书中的方法运用到日常生活中去的？为什么你想将每天看作一场比赛，在感情或是工作中表现最佳？请写下几句关于走上这趟旅途的原因的话：

当你读到自己的练习动机时，你会作何感想？如何才能更具体地深入核心，认清为什么想把本书中的概念和方法运用到生活中去？为什么你不希望这本书会在实际意义和比喻意义上"积灰"？动机越是具体，就越能将自己反复置于目标明确的练习环境中。请大家回顾通过第3章了解到的能力价值，这种能力价值如何联系到目标上去？可以把能力价值和进行练习的原因贴在一个地方，时刻提醒自己，从而将其作为日常习惯的一部分。把动机转为内在意识能为自己增加更多能量，哪怕是情况艰难时，也可以帮助你保持练习的动力。

当然，很多顶级运动员都有超强的动机。这够了吗？

可以算吧。但如果有的只是动机，那么胜利会显得空洞。毕竟若是不能投入其中，那胜利还有什么意义？真正的满足源自对竞争和比赛的喜爱，享受这个过程，而不只是专注于结果。

我们已经花了很多时间探讨如何把享受练习结合到自我对话、习惯、目标设定和想象中去，我希望你能学会如何以更投入的心态来思考和行动，而不是只关注输赢。我们在小时候会因为天性而享受自己的表现，随着我们逐渐成熟，成功带来的压力会夺走我们单纯享受竞争的能力。而本书每章的练习目的是帮助大家保持投入，方法是结合我们的行动和竞争表现带来的简单快乐。

对此，冲浪选手莱尔德·汉密尔顿说得很好，他曾向我描述这种结合感，他说："这就是我如此生活的原因。把生活当作比赛，会让你拥有更好的人生。工作变得更好，心情变得更好，成功也变得更好。把生活视为一场表演，能改善你的人生。我有一位职业运动员朋友，我对他说：'你走进一座体育场，会有五万人为你欢呼或喝倒彩，相反，你需要走进沙漠正中，身边空无一人，只能待在一块石头旁边或一棵树底下时，才能创造人生平衡。不要陷入幻想世界或错觉，以为那座体育场才是最重要的，而是要创建平衡，找到你的内心安宁。'"就这个观点来看，视生活如比赛便是寻找平衡，努力达到最佳状态，同时也练习享受此时此刻。

无论你的特定目标是什么，是登上棒球场的超大电视屏幕还是公司的销售排行榜，如果你真正努力去做一些事情帮你更投入会议（比如称赞同事、更舒服的坐姿，等等），而且也以提高投入程度的方式思考（比如问自己最喜欢哪部分、思考会议或其他场合中最漂亮或有趣的地方等），你便能有更满足的体验，这很有可能让你取得传统意义上的更大成功。

为什么？

因为你会以更放松积极的心态来表现，这会减轻心理压力，让你能更长时间地发挥出最佳状态。

我之前提到的棒球日常击球练习就是一个完美的例子。有些球员私下会抱怨这种每天都要进行的击球练习，因为他们相信几乎不可能保持"专注"去连续六个月每天做三十分钟几乎一样的单调动作。

然而能从击球练习过程中找到一些乐趣的球员将更有可能投入到这三十分钟去，日复一日，最终从所有这些击球和挥棒中获益。我观察到，那些和队友一起因诡异的挥棒动作而开心大笑，做着谁能打出更多本垒打的游戏，或者只是在不同击球小组之间闲聊的球员，往往是从长远来看表现更加出色的球员。

在我这行里，我们显然喜欢表现优势，但这并不是真正接纳投入过程这个概念最大的好处。专注于过程真正的作用是让你从各行各业普遍存在的压力中释放出来，也从因为失败不应得的羞辱中解脱出来。

我在这里要特别指明"不应得"这个形容，因为我想把因为冒险自然出现的失败和因为不做准备、毫无动机或没有规划造成的失败区分开来。如果运用方法达到最佳状态、投入并享受过程，那么无论记分板上结果如何，你都没有失败。因为你尽了全力，见到了沿途的风景，和有趣的人交流过，而且为下次拼搏的征途学到了一些有价值的东西。

这就是胜利。

美国演员博比·坎纳瓦莱是美剧《黑胶时代》和《海滨帝国》中的明星，他曾跟我讲过一个很棒的故事，关于他是如何衡量自己的职业生涯的。"没有人会因为我得了奖或者因为我是个好人而不断给我工作，他们必须要相信我可以做到，所以我也要相信我能做到，"坎纳瓦莱说，"所以我每次获得机会，都会做前期研究，这样我能对此充满热情，找出如何投入角色、

理解角色的方法。如果用棒球术语的话，可以说我是在顺利前
进。总的来说，尽可能保持信心和动力，就像是为生活而做的
击球练习。每次努力投入排练之后，我都会充满信心，认为我
完全掌握了角色。想要得到角色并且说'天哪，他们想让我表
演什么'，以及能有不同机会表演不同角色，这些是驱使我前进
的动机。"

　　与坎纳瓦莱的描述相对的是，我们听过太多次关于冷酷无情
的运动员和商界精英的故事，故事主角似乎从未对自己经历或是
取得的成就有丝毫满足。

　　他们也许在职业高尔夫、网球或是橄榄球界取得了统治性
地位，然而一旦伤病和年龄问题凸显，他们的统治力便会减弱，
每天的比赛看起来就像是生理和心理上的折磨。在这些运动员
身上，你看不到对这项运动最根本的爱，而这一点在很多最伟
大的运动员身上非常明显。当他们老了之后，与孙辈坐在一起
谈论当年的辉煌岁月，他们会因为取得的成就而骄傲，还是因
为没有取得更多成就而沮丧？再者，你以后会对自己的孙辈说
些什么？我会问职业运动员这个问题，帮他们思考享受练习。
当你退役时，你希望人们如何铭记你？你希望怎么记住自己的
运动生涯？同样的问题能帮助大家引导自己的生活比赛计划。
当你退休时，你希望人们如何铭记你？如果你真正尽最大努力
成为最好的职业人士、家长或是伴侣，当你回顾过往岁月时，
你会有什么感受？答案也许能引导你更投入地进行练习，运用
本书技巧，更加享受当下，因为你努力地在这场人生比赛中展
现最佳自我。

　　为了保持"生活是一场比赛"的乐趣和愉悦，大家可以回

顾我们在前面七章中提到过的方法和个人轶事。哪些内容是你读的时候最享受的？哪些内容让你看到和自己以及个人经历有关联？是什么原因让你觉得有关联？你能把哪些方法转化到自己身上？

采取行动

演说和计划固然很好，但顶尖人士会采用一个关键步骤，把他们的意图和态度与现实和结果结合起来。

他们会反复练习。

现在我们该把"生活是一场比赛"的整套理念结合到你的日常习惯中去了。我们再来看一看"生活是一场比赛"哲学的支柱，还有读者在阅读过程中学到的方法。

设定目标
动机强化
掌控焦虑
想象
自我对话
养成习惯

乐在其中

谨慎乐观

现在和未来的方向

注重过程

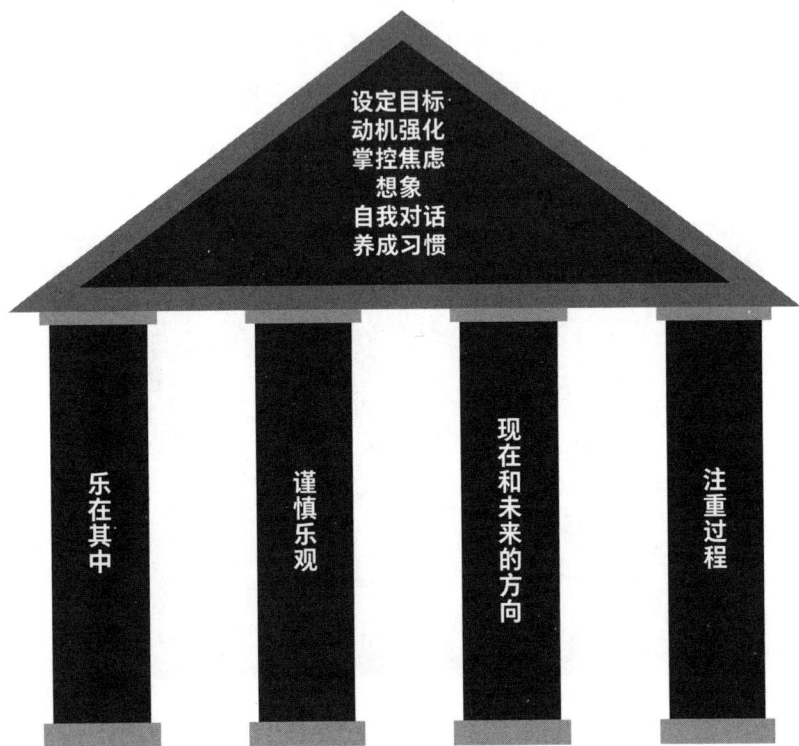

"生活是一场比赛" 哲学的实践技巧

你要如何将"生活是一场比赛"哲学和技巧融入到日常生活中去？请回看我们在第2章讨论过的DOT模式。

你该怎么**行动**、怎么**思考**，才能得到想要的**结果**？在这里，我们预期的结果是要把本书的观念和技巧整合到生活中去。下面再次列出了DOT模型，这样让大家能在每个字母旁边写下计划如何去**行动**和**思考**，以帮助自己保持阅读本书取得的进步。

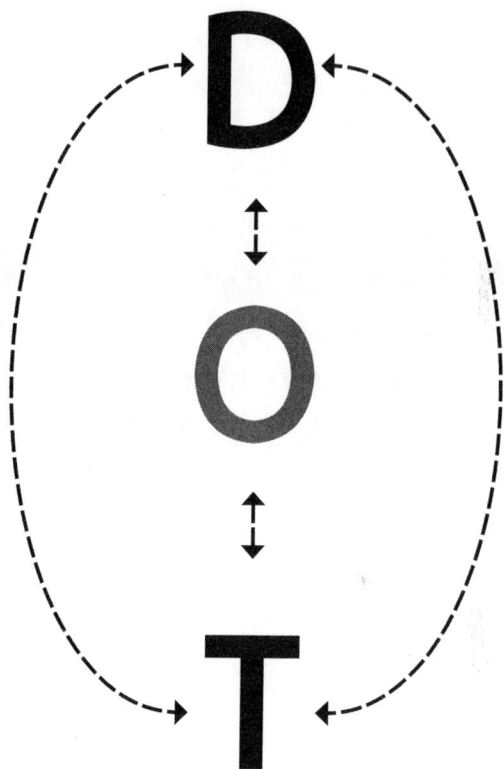

以下是一些可以写在**行动**部分的内容：

　　· 在起床后、工作前和睡前采用《生活是一场比赛》所讲的习惯。

　　· 列一个具体方法清单：自我对话、想象、掌控焦虑、建立动机、设定目标和养成习惯。其中你最喜欢哪些？哪些章节让你对提高自身表现最怀有希望？

· 选出上述方法中的几种，决定如何把它们结合到日常安排中。

· 与其他对"生活是一场比赛"理念感兴趣的读者建立一个讨论组或是读书会。

· 记录你的进步。

· 养成提醒自己实现目标的动机的习惯。

· 养成一个享受习惯，比如每日问题、冥想，或者与特定对象谈话，来提醒自己去注重并体验在竞争中最喜欢的部分。

· 在社交媒体上发布一篇讲述你是如何把生活看作比赛的帖子；在社交媒体或个人论坛上和大家分享你对动机和享受程度的观察体会。

· 给一位朋友打电话，告知你的最新进步。

· 定期阅读本书（或者部分章节）。

· 做读书笔记并回顾。

· 在聚会、活动和其他场合与身边的人分享本书理念。

以下是一些可以写在**思考部分**的内容：

· 每天问自己："运用'生活是一场比赛'哲学有哪些让我享受的地方？"

· 每天问自己："让我使用本书中的技巧提高生活质量的动机是什么？"

· 弄清让自己忘记本书学到知识的主要障碍，思考如何克服它们。

· 在内心回想让你在工作或感情中觉得最有自信的谨慎

乐观的思考过程。

· 把口号整合成短小简练的短句。

· 想出几个能帮助你应对不同情况和场合的口号。

· 想出一个"享受"口号，比如"达到状态"或"就在此刻"。

· 问自己："什么口号能帮助我走在练习目标明确的正轨上？"

· 想出一个动员口号，提高你对拖延、多变或效率不佳的接受能力，比如"我会尽最大努力，那就是付出一切"或"我接受失败，现在继续前进吧"。

· 在接受想法时要温柔，能原谅自己。

现在，你可以倒回去在模型空白处写下一些行为和想法，或者反应，创造一个能提高完成目标机会的行动计划了。

就像减肥或从零开始学一门新语言这样的长期行为改变计划一样，你需要投入到改变中去，了解自己该做什么和不该做什么。尝试想出至少一个行动（表现）目标和一个想法目标，让你能为有目的性的练习做好准备。如果有一天或者一周没有坚持，没关系！最重要的是你努力尽快回到正轨！不要成为破堤效应（第2章）的受害者！你可以再次开始进行任何目的性练习，而且无论程度有多小，任何"生活是一场比赛"技巧或是理念练习都将帮助你更享受生活，获得更好的结果。

成功故事

我最喜欢的一个运用"生活是一场比赛"模型的故事，不是来自与我合作过的顶级运动员、华尔街交易员或演艺界人士，而是来自一位叫作山姆（Sam）的销售。山姆有成功的销售生涯，然而在他快五十岁时遭遇了低谷，业绩不像以前那么好了。他听说了我在职业运动界的工作以及我运用相似观点和方法帮助各行各业的人发挥最佳表现的经历，但在走进我办公室时，他非常震惊。

"那是什么？！"他立刻问道，指着我改造成乒乓球台的会议桌。看到我的站立式办公桌下方的跑步机时，他也同样震惊。我向他解释说，这是我的信念，我相信享受是一种可以训练的技巧。既然我只有固定长度的时间可用，如果要用它来打字或是开会，我想务必确保我能尽最大可能地享受这些活动。

山姆非常震惊，他微笑了一下，看着我说："你和我见过的心理医生不一样。"

"是的。实际上，我倾向于把你与我的谈话当作是一种**伸展**，而不是看心理医生。"我说。

他很好奇我把我的工作看成是提高他人的力量而不仅仅是关注什么地方出了问题。我是从棒球大联盟中最出色的教练那里学到这一点的：永远关注球员**该做**的事，而不是不该做的事。

山姆和我谈到他的目标，他想挣更多的钱，也想改善和孩子们的关系。我们花了一些时间来重新设计他的目标，让它变得更以过程为主导（参见第2章关于设定目标的内容），并且想出一些实施后最终能取得更好结果的想法和行动。换句话说，我帮他把关注点放在DOT中的D和T上。我们都同意应当重点提高他的销售电话及其后续跟进的质量。此外他决定努力与他的孩子建立并保持更好的沟通。

当我问他为什么想要实现这些目标时，他耸了耸肩，然后说："我不知道，我只是知道该这么做。"

以你现在对我的了解，你应该知道我才不吃这一套！于是我继续推进，找出他渴望在这些方面获得最终成功的深层能力价值。当我问他如果不能实现目标将会怎样时，我看到他目光闪烁，说出的话近乎变成耳语："我想让我的孩子有机会真正成为最好的自己。我觉得我自己只实现了一点点个人潜力，我知道如果我能更成功，我就会让他们看到展现最佳自我是有可能实现的。如果能挣更多的钱，意味着我也能送他们到能确保帮助他们获得成功未来的学校去。"

在山姆详细说明之后，他坐得更直了一些。他似乎需要花更多精力和重心去培养习惯、进行自我对话和想象，以此来帮助他优化销售电话的效果。我们规定了一套简单且精致的例行习惯：早上起床时，他要做的第一件事是提醒自己能力价值：自尊、责任和目的。根据我们的合作结果，他和妻子孩子分享了自己的价值，他那身为平面设计师的儿子把这些话用花体字写了出来，让他能把它贴在镜子上。每天早上他的自我激励步骤就是看着这些话，提醒自己他想要充分将生活视为比赛的原因是提高自尊心，这样能为孩子们做个榜样，让他们知道如何看待自己的价值，他更能感受到自己对孩子们的责任感，这也让他在每天的销售活动中有更明确的目的。然后山姆会去洗个澡，但他不是只任由水流冲洗身体、进入一个完全无意识的状态，而是洗澡时花上五分钟想象一天的活动。他在脑海中能看到自己朝同事微笑，在打电话时自信地开着玩笑，遇到困难时也能反应积极。他也会练习用何种情绪去接受任何不够理想的结果，使用一些练习过的自我对话

口号来激励自己前进，包括"沉浸当下""每次'拒绝'都让我更
接近'同意'""我总能找到乐趣"和"尽在这一通电话"。

　　山姆在工作时会用一个根据我们的讨论结果而创造的习惯。
如果他出现微小失败，如果销售电话中有一点小事没有按照他的
思路进行，他会立刻起身做些运动，比如俯卧撑、开合跳或拉伸。
这对于重置心情非常有效，也非常意外地让山姆成了某种办公室
明星，因为他的所有同事都觉得他很搞笑！如果他发现因为某天
表现不佳而感到惊慌，或是我们想出的一些其他方法没有起到效
果时，他会把注意力都放在呼吸上：吸气四秒，呼气四秒，中间
停顿一到两秒。这么做直到他恢复使用其他方法为止。这种呼吸
方法帮助他集中精神，"思路放空"。

　　每次我们见面的时候都会审视他的ME（动机和乐趣）。他通
过提醒自己为什么要付出所有这些努力来练习动机，我们也会讨
论他在提高过程中享受到哪些乐趣。后来他意识到，尽管工作很
辛苦，当他停止对抗之后还是有一些非常享受的元素。比方说，
他以前非常讨厌绩效评估，觉得上司太苛刻，认为整个半年评估
都太过模式化，不够体现个人特点。我们合作之后，开始帮他改
变了这种自我批判态度，让他的看法变得更积极谨慎，无论他的
上司有多苛刻，山姆都会问自己："这其中蕴藏了什么价值？"一
旦他能接受这种批判，并稍稍跳出来一些，就能以一种不同的观
点去看待它。当他发现真的能从上司宽泛且有些苛责的意见中找
到些许真相（"价值"）时，他感到非常震惊，更让他震惊的是，
这种态度改变让他感受到一些愉悦。他开始期待告诉我，他是如
何像一个炼金术士一样，把上司的话语中"空洞"的内容变成自
明的瑰宝。

　　每次我们见面，我会问山姆他和孩子们在一起时最享受的事情。他在手机上做了一份记录，定下目标，每天花一分钟时间写下今天和儿子和两个女儿一起最享受的时刻。他倾向于每天写下一件对亲子关系充满感激或共同相处时的事情。他发现这么做，会让他对其他所有觉得艰难或暂时不成功的时刻有不同的看法。

　　我讲述这个故事，不仅是因为它证明了本书中的方法和观点能帮助一个不从事运动的人，也是因为它对我产生了深远的影响。在我们的合作过程中，山姆并不是一直取得成功，但总体来说，他和孩子们的关系越来越好，钱也挣得越来越多。的确有很多交易员在我们一起合作的过程中挣到数亿美元，而与山姆的合作则是有起有落。然而，我认为最突出的一点是，他变得非常享受生活中的竞争，把每次挑战都看作是在棒球大联盟上完成一次击球，把和孩子们相处的每一天都看作是一场季后赛的比赛。山姆如此认真地将生活视为比赛，他会一直坚持执行我的理念，所以无论结果如何，我都非常享受与他的合作。

尝试新事物

　　从定义上来看，我是个城市孩子。我在纽约曼哈顿长大，这辈子大多数时间都生活在曼哈顿或是布鲁克林。所以当我因为多次前往棒球小联盟球场而深入美国南方时，有时会觉得自己来到了一个奇异之地，虽然和在纽约一样说的都是英语，但结构是不一样的，会更慢，也更性感一点，我学会了去喜欢上这种方式。

　　有一次南方之旅尤为特别。

　　我开车行驶在北卡罗来纳州阿什维尔的荒郊野岭，去拜访一位运动表现和棒球心理学领域的真正传奇，他叫作哈维·多尔夫曼（Harvey Dorfman）。

哈维的职业是记者，他是转行进入棒球界的。他与多个球队合作，最终以奥克兰运动家队和佛罗里达马林鱼队心理教练的身份获得棒球世界大赛冠军戒指。

哈维之前同意和我见面，分享一些让他获得如此成功的见解，以及他身为斯科特·博拉斯（Scott Boras）[①]所创办机构的顾问，要如何继续扩大心理训练的运用。

能和哈维见面让我倍感幸运，毕竟我在工作中时常用到的一个术语就是他创造的：**伸展**。虽然哈维在一封信中提醒我他身体不是很舒服（在我们见面后不久，他于2011年去世），可能无法跟我聊太久，但在我驱车前往他美丽的家的路上，我还是希望见到他可爱的妻子安妮塔（Anita），品尝到北卡罗来纳州最好吃的巧克力蛋糕。

我和哈维在他的书房坐下，周围是他职业生涯中取得的所有博物馆收藏一般的纪念品：签名手套、球棒，还有球。哈维以他的独特方式开始了我们的对话："告诉我你的故事。"

我向他讲述了我的背景，告诉他能帮助运动员蹿升至巅峰状态让我多么激动，以及非常多的职业运动员还没有意识到心理技巧训练的重要性所带来的巨大挑战。

哈维的回应是讲述了他的故事，其中丰富多彩的内容是任何一部棒球运动电影中都会有的情节。他从与奥克兰运动家队未来的名人堂成员，像是罗伊·哈勒戴（Roy Halladay）的合作开始，

[①] 美国职业棒球界一位屡获成功的球员经纪人。——译者注

说到了很多启发人心的经历。他也把指导顶级运动员结合到能联系到我们每个人的思路上，他说："他们也像你我一样会受伤流血，只不过他们是当众这么做。"

不过哈维说的一件事尤其突出。"害怕金钱不会让你挣到钱，"他用沙哑的纽约口音说道，"你一定要有胆量，孩子。"

哈维那天给我提的很多建议让我能够继续在职业运动界工作，从而获得经验，总结出你在本书中读到的理念。不过有一个概念，即愿意冒险，让自己投身对成功的追逐中去，这无比重要，值得在我们这次阅读之旅结束时与大家分享。

"如果逃避提出难题，或是太害怕尝试你的新想法，会让你避免被责骂或避免失败，但这样你永远也不会变得伟大。"哈维说，"只有敢于尝试新事物的人才会成就伟大，他们能承担风险，改变一切。"

我们谈了好几个小时，直到太阳下山，我和这位新朋友握手道别。我接受了他的建议，这也是我在此想和大家分享的东西。

读完本书之后，你们会学会那些方法，制订计划，然后掌握能让你冒或大或小的风险改变生活的主意、策略和概念。

现在，一切取决于你。

你可以把这本书放回到书架上，或者把它留在飞机前方座椅靠背的袋子里；你也可以把它从你的电子书上删掉，或者送给你的侄子带回家去；又或者你可以留下它，把它当作竞争思维的行为指南，选择我们在任何一章中探讨过的一个概念，努力让自己从感到不舒服变得舒服——改变是困难的，**一定**会让你感到不适。

但我要对大家说的是与坐在我位于纽约曼哈顿联合广场的办公室里的客户同样的话：**只有你最了解你自己**。我不会装作更了解你的生活，或者说怎样做才是对你好，但我确实知道这趟改变之旅中使用什么方法最有效，以及如何让你准备迎接这趟旅程。人们通常不是抗拒改变，而是抗拒改变要付出的艰苦努力和做出的第一步的信念之跃。读者能坚持读完本书，努力去全面学习这个理念，让我相信你能够完成将会改变人生的针对性练习。

哪怕算上所有广告时间，一场棒球世界大赛的比赛也通常不会超过四小时，对于场上球员来说，进行得就更快了。人生虽然时间更长，但进度和一场球赛一样快，而且生命中的每一刻都仿若一场棒球赛或橄榄球赛。

现在，你的上场时间到了，它正在迅速逝去。轮到你上场击球、赛跑，或者进行其他比赛了，例如对话、会谈、演讲或电话销售。那么对于挑战自己的极限，你会有多勇敢？你能变得有多擅长接纳和享受这场成为最佳自我的战斗？

国歌已经唱响。

你的主题曲已经响起。

观众开始躁动。

现在该由你打出第一球了。

享受练习

在我小时候，每天晚上睡觉前，我妈妈都会问我最感激什么，我可以回答五样东西——但是不能重复！今天我和我的孩子们做同样的练习，不过我追加了一个问题："今天你最享受什么？"现在请你问问自己："读这本书的时候最享受什么？像一位在竞技场上比拼的顶级运动员一样把生活视为比赛这个理念，最打动你、启发你或者让你相信你能获得更大成功或满足的是什么？"写下一两句能表达你最享受内容的话。如果对自己所拥有的和每次表现中所享受的事物心怀感激，不仅会让你达到最佳状态，也会让你真正每时每刻都把生活变成一场比赛。

致 谢

首先，我要诚挚感谢我的超级经纪人吉莉安·麦肯齐（Gillian Mackenzie），你本身即是一个绝佳范例，证明拥有一位出色的教练可以让生活真正变成一场比赛。从我为这本书构思到最终完成，你一直都为我提出深思熟虑的建议。你对我和这本书充满信任，你的这种支持和鼓励是无可取代的。谢谢你。同时，我也要感谢柯尔斯滕·沃尔夫（Kirsten Wolf）和艾莉森·德弗罗（Allison Devereux）在幕后的辛苦工作。

我非常荣幸能获得出版社编辑丹·安布罗西奥（Dan Ambrosio）的鼎力支持。丹，你是最优秀的专业人士。你在本书构思之初就能理解全书概念和我的观点，为确保这本书在内容和概念上都能充分表达出真实内涵付出了辛苦努力，以至于让我能原谅你对其他球队的忠诚！谢谢你，兄弟！出版社还有很多人为完成这本书出手相助。在此，我要感谢米里亚姆·里亚德（Miriam Riad）不知疲倦地统筹工作，感谢参与了项目管理和编辑所有细节的洛丽·霍布柯克（Lori Hobkirk）和约瑟芬·摩尔（Josephine Moore），你们是效率和耐心的典范。我还要感谢莉萨·沃伦（Lissa Warren）、迈克尔·贾拉塔诺（Michael Giarratano）和凯文·汉诺威(Kevin Hanover)，你们让这本书去了所有该去的地方！

你们全都是《生活是一场比赛》的一分子！

马特·鲁迪（Matt Rudy）：非常感谢你为本书所做的校对、编辑和研究工作。在你的帮助下，这本书变得更出色了！感谢你所有细致入微的辛苦工作，也感谢你陪着我一起打高尔夫球！

"国王"凯蒂·克里默（Katie "KINGZ" Krimer）：天呐！你值得拥有够喝一辈子的卡布奇诺。感谢你在编辑、审阅、"骚扰"、采购、研究、提醒、再度"骚扰"、跟进、管理业务、思考、想象、头脑风暴以及再次"骚扰"上的付出。你是位无与伦比的协调者，是我和这本书的朋友！！！注意你的面孔！

"哎呀"亚历克·奥珀曼（Alec "OPPS" Opperman）：该死，老兄，但愿这个故事能在一间有窗户的办公室里收尾。感谢你的所有创意，还有与我一起在理念世界里遨游。从讨论想象力中的所有主要论点，到管理在联合广场①工作的所有天赋禀异的实习生，你真正提高了这本书的整体质量！我真诚希望你永远不要离开联合广场。

"神奇女侠"凯拉·雷科夫（Keira "Wonder Woman" Rakoff）：也许我应该在本书最后专门为你写一章，标题就叫"奉献"。感谢你让一切按部就班地进行，好让我有时间来写这本书！

泰勒·格兰特（Taylor Grant）：感谢你为本书做的插图和你的设计天赋。你一定重点关注了"D"和"T"这两个方面呈现的结果。我已经等不及要与你合作下一个插图项目了！

迈克尔·杜尔钦博士（Dr. Michael Dulchin）：导师、朋友、商业伙伴，你在我的人生中扮演了很多种角色。对于本书而言，

---

① Union Square Practice，直译为联合广场，位于纽约的心理学及精神病学服务机构，作者是该机构的联合创办人之一。——译者注

你是一个充满智慧的声音，是它的同事，也是养育者。感谢你的支持，也感谢你在我无暇顾及的时候管理联合广场。能建立这样一个充满活力的工作场所来帮助他人，我感到非常荣幸，而且我也无法想象还能与谁一起共享这份荣幸。

罗恩·戈嫩（Ron Gonen）：感谢你在本书写作期间提供的所有思考和建议。你就是这本书的捍卫者，也是最可靠的朋友……不，是最可靠的兄弟。谢谢你！

杰夫·富特博士：从我走进史密瑟公司的那一刻起（我当时没有穿破洞牛仔裤！）到写下我们在棒球领域的早期合作，你向我展示了享受如此多机遇的方法。有时候是因为你推了我一把，但更主要的是因为你是一个能把压力看作挑战而不是威胁的人，而且你也把人际关系看得比什么都重要。如果不是因为有你，恐怕不会有如今的我。感谢你为我照亮前路、排忧解难！也感谢你如此看重我们之间的友谊，支持我的工作。

桑迪·奥尔德森：感谢你对我的支持、鼓励、引导、坦诚和幽默相待。更重要的是，感谢你为我树立了人生楷模的典范。

非常感谢纽约大都会队为我提供了工作机会，并且支持我在这个全球最顶级的运动机构之一工作。我从球员、教练和管理层身上学到了在课堂中永远也无法学到的知识。在此我要特别提到桑迪·奥尔德森、约翰·里科（John Ricco）、保罗·德波戴斯塔（Paul DePodesta）和JP. 里卡尔迪（JP Riccardi）的出色领导，是你们激励了我成就最出色的自己。除此之外，如果没有弗雷德（Fred）和杰夫·威尔彭（Jeff Wilpon）以及索尔·卡茨（Saul Katz）的支持，我的工作将无法完成。谢谢你们。纽约大都会队还有许多人值得感谢，球队的所有人在某种意义上对我而言都非常重要。我要感谢特里·科林斯（Terry Collins）对我在小联盟和大联盟的工作长达六年的支持。我也要感谢里基·博恩斯（Ricky Bones）、鲍勃·格伦（Bob Geren）、汤姆·古德温（Tom Goodwin）、戴夫·哈金斯（Dave Hudgens）、凯文·朗（Kevin Long）、帕特·勒斯勒尔(Pat Roessler)、蒂姆·托伊费尔（Tim Teufel）、丹·沃森（Dan Warthen）、拉玛尔·约翰逊（Lamar Johnson）、路易斯·纳特拉（Luis Natera）、盖伊·孔蒂（Guy Conti）、戴夫·拉卡涅洛（Dave Racaniello）和埃里克·兰吉尔（Eric Langill）。感谢迪克·斯科特（Dick Scott）、凯文·摩根（Kevin Morgan）、鲍勃·纳塔尔（Bob Natal）、里克·韦茨（Rick Waits）、罗恩·罗马尼柯（Ron Romanick）、乔恩·德比（Jon Debus）、沃利·巴克曼（Wally Backman）、弗兰克·维奥拉（Frank Viola）、杰克·沃伊特（Jack Voight）、本尼·迪斯泰法诺（Benny Distefano）、佩德罗·洛佩斯（Pedro Lopez）、格伦·阿博特（Glenn Abott）路易斯·罗哈斯（Luis Rojas）、菲尔·里根（Phil Regan）乔尔·富恩特斯（Joel Fuentes）、何塞·莱赫尔（Jose Leger）、马克·巴尔德斯（Marc Valdes）、瑞恩·埃利斯（Ryan Ellis）、汤姆·甘博亚（Tom Gamboa）、汤姆·西尼奥雷（Tom Signore）、尤尼尔·加西亚（Yunir Garcia）、乔治·格里尔（George Greer）、赫克特·贝里奥斯（Hector Berrios）、路易斯·里维拉（Luis Rivera）、乔纳森·赫斯特（Johnathan Hurst）、何塞·卡雷诺（Jose Carreno）和拉斐尔·兰德斯托伊（Rafael Landestoy）。在我六年多的小联盟工作生涯中，我从合作过的诸多球队经理、教练、训练师、体能和调理师身上学到了许许多多，这强化了我一贯坚持的一个观点，那就是友谊大于一切。你们首先将球员看作普通人，其次才是运动员，这种观念至今仍为我带来启发。

我要特别感谢成为我的心理技能训练合作伙伴的德里克·安德森博士（Dr. Derick Anderson）和鲁本·艾瓦尔（Ruben Aybar）。德里克，我期待着和你共享更多次没有泡菜的午餐，让我们能再度相互学习。感谢你在过去几年提出的所有思考和建议。你成为我的决策者和贤者已有三年了……让我们把它延长到三十年吧！

非常感谢棒球领域中最出色的训练师：雷·拉米雷斯（Ray Ramirez）、布莱恩·奇克洛（Brian Chicklo）、马克·罗格（Mark Rogow）、迈克·赫布斯特（Mike Herbst）、乔·戈利亚（Joe Golia）、德布·伊万诺（Deb Iwanow）、马特·亨特（Matt Hunter）、埃里克·委拉斯奎兹（Eric Velasquez）和多田清（Kiyoshi Tada）！

非常感谢约翰·扎亚次（John Zajac）、"硝化甘油"贾森·克雷格（Jason "Nitro" Craig）、达斯汀·克拉克（Dustin Clarke）、迈克·巴尔维思（Mike Barwis）、布莱恩·斯莫尔（Brian Small）、凯文·基尔斯特（Kevin Keirst）、戴夫·贝尔尼（Dave Berni）、吉姆·马龙（Jim Malone）、戴夫·皮尔森（Dave Pearson）、特丽萨·科尔德里（Theresa Corderi）和妈妈！

我也要感谢过去几年与我合作过的大都会队其他成员：大卫·纽曼（David Newman）、大卫·科恩（David Cohen）、"SH"霍莉·林德瓦尔（Holly "SH" Lindvall）、琼·纳波利（June Napoli）、哈罗德·考夫曼（Harold Kaufman）、亚当·费舍（Adam Fisher）、汤米·塔诺斯（Tommy Tanous）、伊恩·莱温（Ian Levin）、TJ. 巴拉（TJ Barra）、布莱恩·海耶斯（Bryan Hayes）、吉姆·凯利（Jim Kelly）、杰伊·霍洛维茨（Jay Horowitz）、乔恩·米

勒（Jon Miller）、布林·奥尔德森（Bryn Alderson）、龙尼·雷耶斯（Ronny Reyes）、多诺万·米切尔（Donovan Mitchell）、罗布·卡斯登（Rob Kasdon）、凯西·富拉姆（Kathy Fullam）、詹妮弗·沃尔夫（Jennifer Wolf）、米歇尔·霍姆斯（Michelle Holmes）、亚当·沃根（Adam Wogan）和拉斐尔·佩雷斯（Rafael Perez）。

感谢我的祖父、兽医学博士伯纳德·科赫上校（Colonel Bernard Koch, DVM）。但愿你在天堂也能读到这本书……从某种意义来说，你也是这本书的一部分。

感谢美国心理学协会（American Psychological Association）、行为与认知疗法协会（Association for Behavioral and Cognitive Therapies）、应用运动心理学协会（the Association for Applied Sport Psychology）和动机性访谈训练师网络（the Motivational Interviewing Network of Trainers）的工作人员和同事。参与这些优秀的职业机构并成为其中一员，进一步提高了我在运动与表现心理学、认知行为疗法和动机性访谈方面的实践经验。这种训练背景是让我协助更多人改变人生并写下本书的基石。

感谢大联盟球员工会（MLB Players Association）的所有成员：乔尔·所罗门博士（Dr. Joel Solomon）、约翰·马里亚尼博士（Dr. John Mariani）、托尼·克拉克（Tony Clark）、戴夫·温菲尔德、史蒂夫·罗杰斯（Steve Rogers）、奥马尔·米纳亚（Omar Minaya）、里克·赫林（Rick Helling）、何塞·克鲁兹二世（Jose Cruz Jr.）、杰弗里·哈蒙兹（Jeffery Hammonds）、鲍勃·莱纳根（Bob Lanaghan）、戴夫·普劳蒂（Dave Prouty）、利奥诺·巴鲁阿（Leonor Barua）、阿里涅·普里斯（Allyne Price）和吉恩·欧萨（Gene Orza）。

　　感谢大联盟的拉里·韦斯彻奇博士（Dr. Larry Westrich）以及约翰·科伊尔（John Coyles）、布莱恩·奥加拉（Brian O'Gara）、叶尼佛·富谢（Yenifer Fauche）和耶利米·约尔克特（Jerimah Yolkut）。

　　感谢我的诸位导师们：玛丽·拉里默博士（Dr. Mary Larimer）、艾伦·马拉特博士（Dr. Alan Marlatt）、杰夫·富特博士、瑞德·席勒博士（Dr. Red Schiller）、戈尔迪·阿尔法西博士（Dr. Goldie Alfasi）、苏珊·萨斯曼博士（Dr. Susan Sussman）、迈克·奎特曼博士（Dr. Mike Quitman）、鲍勃·费尔德曼博士（Dr. Bob Feldman）、贾森·基尔默博士（Dr. Jason Kilmer）、乔尔·所罗门博士和罗恩·史密斯博士（Dr. Ron Smith）。从个人角度而言，你们全都向我展示了何谓"自我效能"。谢谢，谢谢，谢谢。

　　联合广场心理学及精神病学服务机构：感谢你们为本书提出的真诚反馈，也感谢你们把工作场所变成了如此有趣的一个地方！我非常幸运身边能有这么一群才能出众的热心肠人士，能忍受我时不时的恶作剧：

　　亚历克·奥珀曼、艾什莉·曼森（Ashley Manson）、达娜·鲁尔博士（Dr. Dana Rhule）、丹妮尔·康克林（Danielle Conklin）、贾米耶·谢尔顿·佩洛西博士（Dr. Jamye Shelton Pelosi）、杰西卡·斯塔克博士（Dr. Jessica Stack）、朱莉亚·维尼亚·博松博士（Dr. Julia Vigna Bosson）、凯特·撒切尔博士（Dr. Kate Thacher）、凯蒂·克里默、凯拉·雷科夫、劳拉·帕雷特博士（Dr. Laura Paret）、马特·布蒂吉格（Matt Buttigieg）、米歇尔·弗雷德兰（Michelle Freedland）和迈克尔·杜尔钦博士。

　　感谢曾经、现在和未来将在联合广场工作的所有实习生：克里斯蒂娜·弗莱明（Kristina Flemming）、米凯拉·格林（Michaela Green）、西蒙·库珀（Simone Cooper）、琳恩·盖茨（Leanne Gueits）、杰瑞米·拉恩（Jeremy Rahn）、马里耶勒·戈贝尔贝克（Marielle Goebelbecker）、高佳（Jia Gao，音译）、莉安娜·特鲁波维茨（Lianna Trubowitz）和肯尼斯·卡瓦纳（Kenneth Cavanagh）。

感谢丹尼丝·费斯塔博士（Dr. Denise Festa）、安格斯·马格福德博士（Dr. Angus Mugford）、肯·拉维扎博士和贾德森·米勒博士（Dr. Judson Miller）审阅了这本书的早期初稿。重点感谢安格斯提出用柱状图来阐述这个主意！

非常感谢无与伦比的凯瑟琳·舒尔腾（Katherine Schulten）的编辑才能，以及你对我所有的奇思妙想的支持。

感谢贾斯汀·苏阿（Justin Su'a），"始于社交网络，现在终于写成书了"！

特别感谢霍华德一家，尤其是詹宁·霍华德（Jenine Howard）！

感谢加比·里斯（Gabby Reece），以及万分感谢让·梅雷迪思（Jenn Meredith）完成了职责范围之外的工作。

感谢所有为我和伟大人物牵线搭桥的人：埃米利奥·科林斯（Emilio Collins）、丽莎·史密斯－格林伯格（Lisa Smith-Greenberg）以及再次感谢罗恩·戈嫩！

感谢史上最棒的俱乐部！罗米·李－汉佩尔（Ruomi Lee-Hampel）、齐耶鲁·英格拉姆（Chinyelu Ingram）、丹尼·格林伯格（Danny Greenberg）、蒂姆·韦尔桑（Tim Wersan）、克里斯·特默（Chris Temme）、罗恩·戈嫩（再次感谢）以及尼古莱·莫德博赫（Nikolai Moderbocher）。

感谢德鲁·拉姆齐博士（Dr. Drew Ramsey）、本·米凯利斯博士（Dr. Ben Michaelis）和杰瑞德·滕德勒（Jared Tendler）为本书所做的鼓励！

感谢贾森·布雷兹勒保护了布鲁克林的安全，也感谢你对我的工作的支持和喜爱。

感谢阿莫·哈瓦努尔（Amogh Havanur）参与协助了本书立项的前期工作。

非常感谢雷·卡雷斯基博士（Dr. Ray Karesky）。

此外还要感谢的有：美国西海岸所有科赫（Koch）/坎德拉里亚（Candelarias）家族成员！感谢道格（Doug）、劳伦（Lauren）、琳达（Linda）和乔治·魏斯（George Weiss）。感谢易姿雅（Tsuya Yee，音译）、大卫·科赫博士（Dr. David Koch）、杰弗里·卡拉班（Jeffrey Karaban）、戴夫·瓦勒（Dave Valle）、凯瑟琳·舒尔腾（Katherine Schulten）、巴奇·克洛瓦尔博士（Dr. Bukky Kolowale）、平恩·思雷德吉尔（Pyeng Threadgill）、保罗·盖格（Paul Gaiger）、约翰·西费尔（John Siffert）、霍华德·克里斯托（Howard Crystal）、凯特·波特菲尔德博士（Dr. Kate Potterfield）、本·布伦南博士（Dr. Ben Brennan），以及所有卢德盖特（Ludgate）/利伦佐（Liranzos）家族成员。感谢谢丽尔·罗格博士（Dr. Cheryl Rogow）、安娜丽莎·艾尔巴博士（Dr. Annalisa Erba）、史蒂夫·凯特曼恩（Steve Kettmann）、伊拉娜·布劳恩博士（Dr. Ilana Braun）、德雷克·泰特博士（Dr. Derek Tate）、詹妮弗·哈特斯坦博士（Dr. Jennifer Hartstein）、亚历山德拉·布鲁姆博士（Dr. Alexandra Bloom）、亚历克莎·艾伦（Alexa Allen）、桑德拉·拉茨科维奇（Sandra Lackovic）、布莱恩·格林（Bryan Greene）、詹姆斯·麦

克帕特兰博士（Dr. James McPartland）、希琳·里兹维博士（Dr. Shireen Rizivi）、茱莉亚·罗森塔尔（Julia Rosenthal）、维多利亚·德鲁茨亚科（Victoria Druziako）、泰萨·福赛思（Tesa Forsythe）、米甲·塞利格曼博士（Dr. Michal Seligman）、莱斯利·阿德尔斯坦博士（Dr. Leslie Adelstein）、萨拉·法代（Sarah Fader）、格西·法勒德（Gussie Falleder）、杰瑞德·麦克歇尔（Jared McShall）、马特·克鲁格（Matt Krug）、佩德罗·帕斯卡尔（Pedro Pascal），以及再次感谢罗恩·戈嫩！

非常感谢职业棒球表现心理学小组（PBPPG）的所有成员，尤其感谢查理（Charlie）、肯（Ken）、查德（Chad）、杰夫（Geoff）、特克斯（Tewks）、伯尼（Bernie）、唐（Don）和马特的领导。我非常荣幸能成为这个小组的一员。你们让我获益匪浅，我希望还能继续从你们这里学到更多。

感谢AJ. 拉隆德（AJ LaLonde）、安迪·麦凯（Andy McKay）、安格斯·马格福德（Angus Mugford）、伯尼·霍利迪（Bernie Holliday）、比尔·斯普林曼（Bill Springman）、鲍勃·特克斯伯里（Bob Tewksburry）、布莱恩·迈尔斯（Brian Miles）、布莱恩·皮特森（Brian Peterson）、凯莉·斯图尔特（Carrie Stewart）、塞西·克拉克（Ceci Clark）、查德·博林（Chad Bohling）、查理·马赫（Charlie Maher）、克里斯·帕萨雷拉（Chris Passarella）、德里克·安德森（Derick Anderson）、德林·麦克梅恩斯（Derin McMains）、唐·卡尔克斯坦因（Don Kalkstein）、杰夫·米勒（Geoff Miller）、格雷格·里多克（Greg Riddoch）、赫克特·莫阿莱斯-耐格伦（Hector Morales-Negron）、杰夫·富特、约翰·费但扎（John Fidanza）、乔希·利夫拉克（Josh Lifrak）、约西亚·英格诺

（Josiah Igono）、贾斯汀·苏阿、肯·拉维扎、兰斯·格林（Lance Green）、拉兹·古铁雷斯（Laz Gutierrez）、马克·斯特里克兰（Marc Strickland）、马特·克鲁格、迈克尔·格尔森（Michael Gerson）、奥斯卡·古铁雷斯（Oscar Gutierrez）、理查德·金斯伯格（Richard Ginsburg）、塞斯·卡普兰（Seth Kaplan）、泰森·霍尔特（Tyson Holt）和威尔·仑兹纳（Will Lenzner）。

感谢以下为本书做出贡献的人士：阿德里安·格雷尼尔、阿尔文·威廉姆斯、博比·坎纳瓦莱、戴夫·温菲尔德（David Winfield）、埃里克·波特拉特博士、贾森·布雷兹勒、约翰·阿米奇、朱万·霍华德、莱尔德·汉密尔顿、迈克·里克特、迈克·鲁滨逊、雷内·斯塔布斯、萨姆·卡斯、桑迪·奥尔德森和尤里·福尔曼。我非常感谢你们所提出的令人难以置信的见解。我也感谢你们能让本书读者一瞥你们是如何将生活看作一场比赛的。你们所做的贡献让我备受鼓舞！

最后我要感谢多年来与我共事的无数运动员和其他精英人士。是你们让我最真切地感受到了生活这场比赛的意义！

比赛开始了！

附 录　本书提到的著名人物

　　乔纳森·法代很乐意向手持本书非英文版本的读者们引见这些运动员及其他名人。《生活是一场比赛》一书中提到的多位名人来自世界各地。

　　接受详细采访者如下：

阿德里安·格雷尼尔（Adrian Grenier）　演员、导演和音乐家

阿尔文·威廉姆斯（Alvin Williams）　篮球运动员

博比·坎纳瓦莱（Bobby Cannavale）　演员

戴夫·温菲尔德（Dave Winfield）　棒球运动员

埃里克·波特拉特博士（Dr. Eric Potterat）　海豹突击队首席心理学家、高级咨询顾问

贾森·布雷兹勒（Jason Brezler）　消防员、海军陆战队少校

约翰·阿米奇（John Amaechi）　篮球运动员

朱万·霍华德（Juwan Howard）　篮球运动员、教练

莱尔德·汉密尔顿（Laird Hamilton）　冲浪选手

迈克·里克特（Mike Richter）　冰球运动员

迈克·鲁滨逊（Mike Robinson）　橄榄球运动员

雷内·斯塔布斯（Rennae Stubbs） 网球运动员

萨姆·卡斯（Sam Kass） 美国政府营养政策高级顾问、白宫厨师

桑迪·奥尔德森（Sandy Alderson） 棒球高管、高级顾问

尤里·福尔曼（Yuri Foreman） 拳击手

提到的其他著名人物有：

贝利（Pele） 足球运动员

杰克·尼克劳斯（Jack Nicklaus） 高尔夫球手

迈克尔·克罗克（Michael Crocker） 英式橄榄球运动员

阿米尔·瓦赫迪（Amir Vahedi） 职业扑克玩家

柯蒂斯·格兰德森（Curtis Granderson） 棒球运动员

莎士比亚（Shakespeare） 剧作家

巴拉克·奥巴马（Barack Obama） 美国前总统

布赖恩·克兰斯顿（Bryan Cranston） 演员

迈克尔·乔丹（Michael Jordan） 篮球运动员

巴贝·鲁思（Babe Ruth） 棒球运动员

塞缪尔·贝克特（Samuel Beckett） 剧作家

罗素·威尔逊（Russell Wilson） 橄榄球运动员

卡尔·瑞普金（Cal Ripkin） 棒球运动员

达妮卡·帕特里克（Danica Patrick） 赛车手

布兰蒂·查斯丹（Brandi Chastain） 足球运动员

科林·卡佩尼克（Colin Kaepernick） 橄榄球运动员

卡梅隆·安东尼（Carmelo Anthony） 篮球运动员

亨里克·伦德奎斯特（Henrik Lundqvist） 冰球运动员

托尼·霍克（Tony Hawk） 职业滑板运动员

曼尼·帕奎奥（Manny Pacquiao） 拳击手

阿尔伯特·普侯斯（Albert Pujols） 棒球运动员

尤雷·罗比奇（Jure Robič） 自行车运动员

瑞安·利夫（Ryan Leaf） 橄榄球运动员

摩西·莫雷诺（Moses Moreno） 橄榄球运动员

穆罕默德·阿里（Muhammad Ali） 拳击手

乔治·福尔曼（George Foreman） 拳击手

布赖恩·利奇（Brian Leetch） 冰球运动员

迈克尔·卡戴尔（Michael Cuddyer） 棒球运动员

勒布朗·詹姆斯（Lebron James） 篮球运动员

大卫·贝克汉姆（David Beckham） 足球运动员

比尔·默里（Bill Murray） 演员

雷吉·杰克逊（Reggie Jackson） 棒球运动员

德里克·杰特（Derek Jeter） 棒球运动员

汤姆·布雷迪（Tom Brady） 橄榄球运动员

比尔·贝利奇克（Bill Belichick） 橄榄球教练

罗里·麦克罗伊（Rory McIlroy） 高尔夫球手

塞雷娜·威廉姆斯（Serena Williams） 网球运动员

贾森·戴（Jason Day） 高尔夫球手

佩顿·曼宁（Peyton Manning） 橄榄球运动员

韦德·博格斯（Wade Boggs） 棒球运动员

科洛·图雷（Kolo Touré） 足球运动员

斯特凡·霍尔姆（Stefan Holm） 跳高运动员

马特·达菲（Matt Duffy） 棒球运动员

巴斯特·波西（Buster Posey） 棒球运动员

肯·拉维扎（Ken Ravizza） 运动心理学家

小肯·格里菲（Ken Griffey Jr.） 棒球运动员

大卫·赖特（David Wright） 棒球运动员

出版后记

当今世界的顶级运动员们，是流行文化的弄潮儿，是受成千上万人追捧的榜样。因为，他们拥有无可比拟的身体素质、技术能力和精神意志，他们是人群中的佼佼者，他们屡创佳绩……在他们的成功手册中，心理训练着实必不可少、意义重大。正是运动员们在赛场上和镜头前展现出来的强大心理素质，感染到了每一位观众。他们的心理能力，我们在生活的赛场上同样需要！

这本书有意将专业、实用的运动心理学知识和心理训练技巧引介给每一位读者，同时穿插诸多有趣动人的案例故事。生活的赛场常常要求我们发挥出最佳水平，而这本书会助你一臂之力。诚然比赛让人紧张，但我们也要记得拥抱和享受过程，这是本书的核心精神之一，也是本书中心理训练的核心内容之一。希望读者朋友们能有所收获。

服务热线：133-6631-2326 188-1142-1266

读者服务：reader@hinabook.com

后浪出版公司
2021 年 6 月

© 民主与建设出版社，2021

图书在版编目（CIP）数据

生活是一场比赛：世界顶级运动员教你致胜技巧 /
(英)乔纳森·法代 (Jonathan Fader) 著；陆桦译. --
北京：民主与建设出版社，2021.6
书名原文：Life as Sport: What Top Athletes Can
Teach You about How to Win in Life
ISBN 978-7-5139-3551-7

Ⅰ.①生… Ⅱ.①乔… ②陆… Ⅲ.①体育心理学
Ⅳ.①G804.8

中国版本图书馆CIP数据核字(2021)第090963号

LIFE AS SPORT: WHAT TOP ATHLETES CAN TEACH YOU ABOUT HOW TO WIN IN LIFE
by JONATHAN FADER
Copyright: ©
This edition arranged with THE MARSH AGENCY LTD
Through BIG APPLE AGENCY, INC., LABUAN, MALAYSIA.
Simplified Chinese edition copyright:
2021 Ginkgo (Beijing) Book Co., Ltd.
All rights reserved.
本书简体中文版由银杏树下（北京）图书有限责任公司出版。

版权登记号：01-2021-2441

生活是一场比赛：世界顶级运动员教你致胜技巧
SHENGHUO SHI YICHANG BISAI: SHIJIE DINGJI YUNDONGYUAN JIAONI ZHISHENG JIQIAO

著　　者	［英］乔纳森·法代（Jonathan Fader）	译　　者	陆　桦
出版统筹	吴兴元	责任编辑	王　倩
特约编辑	杨晓晨	营销推广	ONEBOOK
封面设计	墨白空间·张静涵	装帧制造	墨白空间

出版发行　民主与建设出版社有限责任公司
电　　话　（010）59417747　59419778
社　　址　北京市海淀区西三环中路 10 号望海楼 E 座 7 层
邮　　编　100142
印　　刷　嘉业印刷（天津）有限公司
版　　次　2021 年 7 月第 1 版　　　印　　次　2021 年 7 月第 1 次印刷
开　　本　889 毫米 × 1194 毫米　1/32　　印　　张　7
字　　数　157 千字　　　　　　　　书　　号　ISBN 978-7-5139-3551-7
定　　价　38.00 元

注：如有印、装质量问题，请与出版社联系。